謝明杰——著

老神再在 IV

\ 乘風展翼 /

目次

前引

該好好地來進行這本新書了。

神有好一段日子沒有出現，我其實是知道，祂打算讓我過上幾年紅塵落地的生活，所以也不著急。我知道祂早晚會來，會透過我，說出有所助益的話語，我們的合作還沒結束。至少，在我完成我的任務之前不會。

雖然沒有對話記錄的進行，但祂還是會在我為個案進行心靈對談時，讓我說出正中紅心的話語，協助我在工作上的需要，也會在我寫臉書的文章時提供靈感。

謝謝神！過去這些年來，生活與工作都在軌道上，我享有完全和我出身條件「極不符合」的生活。按照我的原生家庭，似乎做一個浪跡天涯的浪子更符合我的人設。但因為神，我成了一個被人稱為老師的心靈工作者；也因為神，我獲得了作家的稱呼。這一切都是因為靈魂和祂的約定，要讓我由谷底攀升，作為一個扭轉奇蹟的證據，並且藉由這個證據，讓更多的人可以扭轉人生。

曾經有讀者問我：「祂直到現在都在和你說話嗎？」是的。祂是。但有更多是給我個人的忠告。

直到我心中出現一個強烈的驅力叫我記錄。

就像現在……

神，我內心的最高指導。我全然地敞開，讓流經我的智慧之語全然奔放。

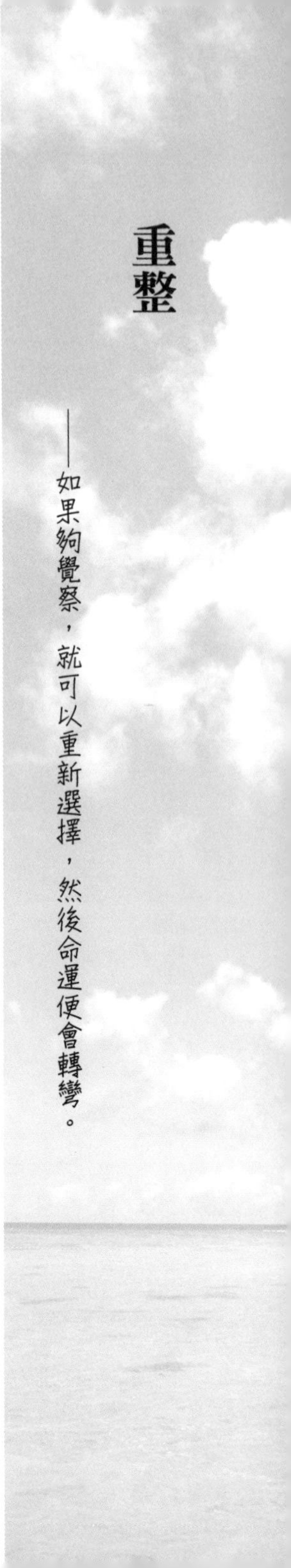

重整

——如果夠覺察，就可以重新選擇，然後命運便會轉彎。

我觀察到過去一整年（二〇一九年）你的注意力都被外界所吸引。

沒有辦法！我們從新年（二〇二〇年）的開頭就被武漢病毒席捲，全球許多國家開始鎖國、封城，人類的經濟活動和自由度受到前所未有的重創，幾乎讓人類文明開始倒退！

是前所未有的嗎？

不是！撇開戰爭時期。我相信戰爭發生時，會有比目前更嚴重的文明倒退。而且死的人更多！

現在便是戰爭時期！很遺憾，依然是。從我的角度看，地球上有人類就有戰爭，只是規模大小和形式的不同。至於文明，是的，人類創造出來的的確是文明，但宇宙間如人類這樣憎惡文明的物種卻是不多。

我想那來自於人類彼此間的憎惡吧！幾千年來有無數的導師、哲學家、宗教領袖出現在地球教導慈悲與愛，卻是至今沒能改變人類骨子裡彼此憎惡的基因。就是這些人在觀念上、立場上、角度上的不相容，導致人類的相殘；而對資源的貪婪，則導致自然環境生靈塗炭……

⊙人的選擇

慈悲與愛是一種選擇。在只識得生存的人眼中，活下去是第一要務，面對資源與機會時，慈悲與愛往往不會成為選項。而貪婪和扭曲的民族意識與宗教觀念，往往變成魔鬼操弄的機會。

我想這是人類無法突破的困境，只要還存在貪婪與扭曲的心靈，魔鬼就會有可乘之機，一切都是內在的心魔作祟。

為什麼你不認為，貪婪和扭曲也可以成為人類的一種選擇？至少，作為一個進化中的物種，有更多的選項，才會有足夠的刺激去幫助思考和領悟。

祢在捉弄我嗎？祢的意思是說，祢也同意人類世界存在貪婪和扭曲？我以為祢是盡善盡美的神。

我只是標明出這樣的選項，至於要如何選擇，你們有自由意志。慈悲或是憎惡，只是一個牽涉到後續行為表現的選項。心念創造出來的，就是你們的實相。「相由心生」，你的心如何，結的果就必如何，心念是你們可以決定的。

是的！「心念是自己可以決定的」，但往往也只有心念，對外在客體世界，能影響的就不多了對吧？

是嗎？看看你們的世界——你說的「客體世界」，是怎麼樣地被人類的心念改變的？

我說的不是那種經過長時間堆積出來的人類文明，我說的是，個人生活經驗裡「心想事成」的發生率依然很低，以至於被稱之為「巧合」。

那「意外」也可以是一種「巧合」，是嗎？

不！意外就是意外，除了意外的驚喜。

為什麼你說「意外就是意外」卻又有例外？在你的價值觀中，「意外」被自動歸類於「負面」的解釋，以至於你無法接受「意外的驚喜」這樣的說法。

這一份負面的解釋就是一種偏執，就是你剛剛說的「扭曲的心念」。而這種扭曲，是你透過自由意志之下做出的選擇。如果你的意識當中，經常都是用負面的方式去解讀文字和發生的事情，那麼就不可避免會時常發生負面的事件。

你寧可相信會有意外的發生，當意外真的發生時，你會說「不意外」；而當好事發生時，你卻是說「碰巧」。而事實上，「碰巧」的機率是可遇而不可求的。

在自由意志之下，心念可變，所以外境也可變；心念多變，所以外境也多變。如果你們的心念認為會出現困境，那麼就確實會受困——宇宙總是回應你的「相信」。如果你們認為這只是一個「情況」，那麼你就可以利用這一個「情況」去做點什麼。

我覺得爭辯這一切都沒有意義！人類的世界此刻正在土崩瓦解！而且短期看來無法可解。

地球作為承載人類的平台，既然是由人類主宰，當然由得人類惡搞，只是人類也必須要為自己的惡搞地球付出代價。宇宙的一切早已設定好因果定律，用你們的話說，就是「出來混，遲早要還的」。

我允許一切的發生，甚至是病毒。你們可以發明核彈毀滅自己，沒有理由卻不准地球上出現致命病毒——不管是自然出現或是人造的。在病毒出現以前，你們一直在進行「人類毀滅計畫」。從每天排放的廢水、廢氣、滿坑滿谷的垃圾，到足以殺光地球所有生物的武器。

身而為人，我真的感覺到很抱歉！儘管許多的破壞並非由我主導，但身為人類，我也參與其中……看在愛與慈悲的份上，這次祢能不能幫幫忙？

人類必須自己和自己溝通。

這個疫情是人類歷史以來唯一一個可以用溝通化解的疫情，但不是和病毒溝通。它不是被創造來溝通的，它是被創造來利用的。人類必須自己和自己溝通。

這個病毒是被創造出來的?!

你為什麼感到意外?有這麼多的證據顯示。而之後還會出現更多證據。

但是，是為了什麼?

為了某些不可說出的理由。

我可以知道嗎?

你最好什麼都不知道。這對你比較安全。

難道全體人類都要被矇在鼓裡?任由少數的一群人操弄?

在我眼中看的是「一個人類」，而你看見的是七十億人類。我看的是整體，而你分別。這就是人與神最大的差異。

我說過，因果律設定之後，我便不加干涉，僅是觀察。如果像是「自然發生的森林大火奪走上億生靈」這樣的事「我」讓它發生，那麼這場傳染病「我」更沒有插手的餘地。畢竟是你們自己搞出來的！即便沒有人「創造」出這樣的病毒，這樣的病毒也必定會出現！

它的出現是回應每個人心底深處最幽微的渴望——「重整」。

宇宙間沒有意外，任何浩劫與災難之下，該活的會活，該死的會死。生死本來只是幻象，只是人類一直看不清。死亡其實就像是過道門——就是「登出」地球這個遊戲場而已。

我知道生死是過道門，我了解死亡只是幻象，但我只是希望，過程可不可以不要那麼悲摧、那麼殘酷、那麼無情……祢知道，光整個二〇二〇年，地球上有將近一億人染疫，兩百萬人死亡，而且沒有減緩的趨勢。

恕我直言：宇宙間沒有錯誤，任何情況下，所有「會死的」都是「該死的」。我明白這麼說會讓很多人難以接受，但是宇宙從來不會冤枉人，或是冤枉任何一個生命。

一個人會投生在什麼時代，一個生命該用什麼樣的方式結束，自有其靈魂參考其業力做出的綜合決定。儘管有些「死法」很詭異，很匪夷所思，甚至是在人類看來很「不該」，都無損於靈魂的設定。

甚至一個自殺成功而死去的人，也是他靈魂自己的設定？沒有任何外在因素？

如果他的靈魂如此「設定」，任何的外在因素都會導至他走向自殺的道路。是的。如果他的靈魂如此「設定」，而他沒有意識到他「可以改變」、「必須改變」，那麼一切就會如此發生，順暢得自然而然，無論如何，就是會導向那樣的結果。

這麼說，命運是不可改的了？

我說了，他必須「意識到」他可以改變命運。命運的改變需要覺省。命和運是兩種截然不同卻又合而為一的狀態。

「命」是靈魂投生前，先天設定的腳本大綱，而「運」就像是正在被導演拍攝中的正式劇本，導演當然有權可以更改劇本的方向，甚至和「原著」大相逕庭，只是要付出的代價也相對提高。我們曾經討論過這個議題，在上一本書。

是的，我們都是自己生命中的導演、編劇還身兼演員。所以一個原先腳本設定要「自殺」

的靈魂，投生為人之後，要如何扭轉原先的設定？

答案就是「覺察與反省」——覺省。他必須要在生命的過程中，經常性地帶著清晰的觀察力，去分析自己遭遇的、發生的事情是什麼？宏觀超然地用內心做出判斷：「這是不是我要的？」然後在行動中持續地反省自己，並且修正。

在你的例子中，一個原先被靈魂設定要自殺的人，當到了真要自殺的當下，他仍然可以重新問自己：「這是不是我要的？」如果他夠覺察，就可以重新選擇，然後命運便會轉彎。

宇宙永遠提供給你選擇的機會，並且支持你的選擇，但那不意味著你不用付出代價，人們在二元的世界中，必須透過「付出代價」來學習「負責任」。即便是你腦中的想法、念頭，也不是不用支付租金的。「自殺」一詞可以換成任何你的選擇，沒有大小之分。不論是結婚或是吃一支冰棒。

⊙向孩子學習

這件事的難度在於：誰能夠在未經教育的情況下，用「宏觀超然」而非「主觀地」做出內心的判斷？誰能夠在生存的壓力之下摒棄本能的反應？

「教育」從來教不出宏觀與超然，因為每個人的視角都是主觀的，並不存在絕對客觀的現實，但是心靈最早的設定卻是宏觀的格局。在人類真正拋棄教育所給的框架之前，要達到那樣的格局，需要很大的勇氣，有些人稱之為「做自己的勇氣」。

很弔詭對吧？做自己貌似很「主觀」，卻是邁向高於主觀的道路。

「做自己」你必須一個人上路，忍受孤單和不被接納，迎接拒絕與排斥，最後你會在道路上與「超然」相逢。超然是一種輕盈，自己一個人上路才能輕省，所以做自己是邁向超然的開始。

任何一個沒有被教育污染過的孩子，都可以很「做自己」地僅憑其赤子之心的直覺，做出無分別、超越利害的選擇。那樣的選擇是如此地恢宏無私，以至於「懂事」的大人會說其「愚蠢無知」，把他當作是一個孩子「不懂事」下做出的選擇。

所以，向孩子學習吧！大人或許可以教他認識這個世界，但他們卻是帶著更高格局的宇宙意識前來的。沒有一個孩子是壞的，只有被大人教壞的孩子。

真的？這世上沒有壞孩子？我說的是「本質」。難道所有的壞孩子都是大人搞出來的嗎？

嗯……孩子確實是被「搞」出來的，只是出來之後，又被不懂事的大人繼續惡搞，最後變成大人口中的壞小孩。然後大人兩手一攤：「誰叫你要學壞？」也不問問自己是給了他什麼樣的環境和教育？

這聽起來像是把一切錯誤都歸咎給大人，但是真有那種本質很糟糕的小孩啊！

套句廣告詞：「沒有教不好的孩子，除非找了不會教的人。」很多人當父母是為了交待；很多小孩被生下不是期待；很多人糊里糊塗地生下孩子，卻又不知道怎麼帶領孩子，偏偏不知道又不學。養狗還會買寵物書來看，卻不願意花錢買書去認識孩子的心靈和需求。只知道用自己的意志去強加在孩子身上，卻不知道眼前的孩子是來教育他怎麼當爸媽，是來幫助他再當一次孩子的。

沒有。這世上沒有壞孩子，一個也沒有。我再說一次，這世上沒有壞孩子！我創造的一切盡是完美。

是啊！是啊！神從不創造垃圾。只有後來變壞的，會被當成垃圾送到垃圾堆。

如果最後有人變成垃圾，那是因為別人把他當作垃圾，只要他自己不認為自己是垃圾，就會創造出自己被利用的價值。本質上從來沒有壞孩子，只有做出不恰當事情的孩子。而這個「不恰當」最開始是跟誰學的？

每一個監獄中的囚犯都曾經是睜著一雙大眼、牙牙學語地追著大人問「為什麼」的天真孩童。長大後是什麼讓他們做出了犯罪的事？到底是什麼讓他們從原本的天真無邪成為罪惡之身？

家庭環境，後天的遭遇，朋友，周圍的對待……

那是外部的因素。事實上每一個孩子都是帶著愛前來世間，當然他也同時帶著等待「學習」這個世界法則的頭腦。當他與生俱來的這一份愛遭受到漠視、冷落，就會引發一連串的內在反饋，逐漸形成的「自我」最後變成「性格」，然後「壞孩子」就出現了。但其實他們原本都是好的，都是有愛的。

是這個世界，或說是他們的家庭、學校、社會不當的對待讓他們走樣。如果這些人在成長的過程中能夠多一些覺察，或許就可以反思自己所遭受的待遇，並且發展出內在的智慧來，而不是只有知識。問題在於，誰來教他們覺察？現代人的教育並不重視心靈，所有的教學系統都是為了考試、為了目的、為了錢。於是人們有了知識，進入了某個公司或系統，賺到了錢，卻在生活中失去了生命的智慧。

⊙利用與被利用

知識只有一個作用，就是拿來「防呆」。你們把地球變成是一個「人類工廠」，只能生產「規格化」產品。而產品的功能是「被使用」，一旦使用期限到了，就交給上帝回收。你們把活生生有情感和血淚的人變成了「工具」。

知識只能減少你犯錯，不能幫助你進步。那些告訴你擁有知識就是「進步」的人，其實是在愚弄你，真正的進步是「智慧」。一個人沒有智慧只有知識的話，只會是一個工具人，負責被消耗和利用。

現代人只是一群被利用的棋子。如果一個人沒有覺知，他就會讓這個世界支取他的各種能量，為這個世界奉獻，不論那能量是什麼。然後他會在生命結束前被榨乾，或是在被榨乾後結束生命。

其實，被利用是很好的，「利用」可以呈現出一個人生命的價值，但是這個說法是：「被利用者」在很清楚地覺察下，深知自己所能「被利用」的是什麼、能帶給周圍和自己的好處是什麼。對那些並沒有活在覺察中的人，只能在無知中，持續地被這個你們創造出來的世界系統當作用完即丟的電池。

我想，很多人之所以不想被利用，是因為他開始了一些對「自我的覺察」，或是他懂得最起碼的「自我保護」。這沒有錯。人是否只有「被利用」一途，才能在地面上過得好一點？

記得你們都是「一體」的嗎？每一個人都和所有人發生關聯。因為都是人，這就已經讓你們彼此脫不開干係。沒有人可以離群索居、獨善其身，而不與任何其他人互動、交流，甚至是彼此利用。

一個不願意被人利用的人，往往不是因為他自私、量小或自我保護，而是他其實還沒有覺察到，自己還有什麼被他人或這個世界利用的價值，而不是他沒有意願去貢獻。

祢說過的，世上沒有人是垃圾，每一個人都有或大或小、獨特的天賦和本質。藉由貢獻這些天賦和本質，來換取自己的生活品質。祢說的，總要付出代價，也因此沒有人沒有利用價值。

其實討論「貢獻」與「利用」是太粗糙的說法。貢獻只是「交換」意義上的美化說法，「貢獻」的人也並非毫無所得。利用卻像是懷抱著自私的初衷，直接換取要達到的目的。從最高的層次看來，貢獻無所取，利用無所得，除非互利。

每一個人來到世間都在「利用與被利用」，就像軍人上了戰場就要殺人或被殺，這是一個逃不開的命運。但是你可以在利用與被利用的過程中使雙方愉快。既然結果逃不掉，那何妨使過程精采？

其實即便一個人真的沒有被利用的價值，在我看來也是好的。山林中多的是對人類來說沒有利用價值的樹木，但是依然被允許占有一席之地向上成長，不會有人因為它沒有利用價值而把它砍除。

除非人類需要那塊地。

當人類需要那塊地而砍除它，也正是它展現自己的價值的時候。它在沒有利用價值的時候，旁若無人地兀自成長；而在人類需要時，貢獻出自己賴以維生的立足之地。這樣的奉獻，你能說它沒有價值嗎？事實上，地球上的一切動植物，都各自在利用其他生物的資源、也被利用著。正是這一切，串起地球的生態欣欣向榮、生生不息。

地球正在用它的生態教育著人類。而對主宰地球的人類來說，更沒有一個人可以置身事外當「局外人」，事實上，只要你是人，所有跟人類有關的事都和你有關。

祢把人類拉到一個很高的格局。

我是用這樣的格局在看你們的。事實上，我知道你們有這樣格局的潛力。因為相信你們有那樣的潛力，所以我說「還沒有」什麼被利用的價值，而不是說「沒有」什麼被利用的價值。

每個人都被賦予「在他一生中，運用他可以呼吸的日子，去創造、去改變自己」的價值。在經濟市場中，「價值」二字是由「市場」（即他人）認定的，也就意味著，當一個人開始創造出自己的價值，勢必要成為他人或市場利用的對象，否則其價值也只能孤芳自賞，毫無意義。

我明白世間是人與自然、人與人彼此交叉利用的場域。我只是對於這樣的利用中出現了許多的不合理、不公平感到氣憤。

任何人、任何物，如果神允許他存在，那他的存在就有其必要。任何事如果它發生，那個發生就是最好的安排。這當中有美意，不論你是否看出來。

祢眼中有無可教化之人嗎？

沒有，那些貌似無可被教化之人，會被自己的生命馴化，然後進化。你也曾經是這樣的人。

是的。我有一些舊時期的朋友，他們曾說：「謝明杰這個人大概只有奇蹟出現才會讓他受教。」結果奇蹟真的出現。真正的奇蹟是讓一個人幡然醒悟。

那麼你醒悟了嗎？

我想我不會把這兩個字像是標籤一樣用在自己身上，但我確實有某個程度的「開啟」，只是，日子來來回回，特別是這陣子，我感覺像是在兜圈子。這讓我感到沮喪，自我評價低落。

孩子，你只是感到焦慮罷了！

是的！我焦慮於無法滿足對自己的期許和社會的期待。祢說每一個人都有價值，都有可「利用」之處，所以沒有壞孩子、沒有人是垃圾，但是這個社會是用如此功利的角度，嚴苛地評判每個人，只要眼下的狀況不符合社會期待的價值，就會直接被視為「沒用」。

我在那些頭腦一片空白、也毫無產出的日子裡，我覺得自己已經廢了，日暮西山，江郎才盡。

你的能力不會在你停止呼吸之前結束。日暮西山？江郎才盡？還早！

⊙只要你願意

那些你說的「社會期待」是指哪些？

對許多人來說，先是課業成績，再來是考試成績；出了社會比學歷、公司規模、職等、收入；然後稍微有點積累了，比住房、比車、比旅行的國家；有了孩子之後，比的是學區、名校，孩子的才藝，和腳上的限量運動鞋……

我們在之前的幾本有討論過關於「比較」這個話題，這裡就不討論了。你的意思是說，這些都在「社會期待」的項目之內？

還有更多的咧！這些都象徵著「人生勝利組」，而「人生勝利組」是眾人所追求的。眾人的期待就是社會的期待，畢竟大家以此作為評鑑一個人的標準。或許很多人嘴上不說，也不會承認，但是當他們看見那些「人生勝利組」時，他們的眼神和身體的態度，往往會洩漏他們心中的「誠實」。

我明白你說的。那麼，你期待成為人生勝利組嗎？

不知道為什麼，我很想回答「是」。但是又覺得，這樣是否太貪婪？因為有個聲音告訴我：「你已經是了！」另一個聲音卻說：「你的起點太低，人生勝利組不會是你，這就是你的命運！」

看來你已經可以很嫻熟地觀照自己的內心。但讓我告訴你，這兩個聲音都不是真的！第一個聲音會讓你鬆懈，第二個聲音會讓你沮喪無力。兩個聲音都會讓你向極端擺盪，只要失去了中道，也就失去了清清楚楚的覺察，對失去覺察的人生勝利組來說，勝利的滋味總是短暫。

很抱歉，我可以教導心靈的觀念和修行的方式，但對於成為「人生勝利組」，我到現在還是不知道怎麼做。

這樣就對了！不知道，而且大膽地承認自己不知道。對成年人來說，比起自以為是或是假裝知道，承認「不知道」，所需要的勇氣才是偉大的。

這世上充斥著許多菁英份子和人生勝利組，他們趾高氣昂、自命不凡，用自己的視角解釋並且支配他人。對這些人而言，「不知道」似乎是一種恥辱，承認不知道等於要吞下這個恥辱，至少在這一方面我不是一個菁英份子。就跟數學絕對不會背叛你一樣，數學「不會」就是「不會」！在承認「不會」這件事上，我一點也沒有不必要的羞恥心。

你越來越幽默了。是數學不會還是你不會數學？

都是。

《聖經》上告訴你：「你們的話，是就說是，不是就說不是。」只是驕傲的人總是難免為了維護尊嚴而口是心非。

微觀世界的神奇精妙和浩瀚宇宙的無邊無際，一個小小的人類腦袋，又怎麼能夠無所不知呢？認識了這一點，人就會變得謙卑，也會願意承認自己的無知。所以才說「學然後知不足」。然而，真正的無知者不是「不知道自己無知」的人，而是「自以為是」的人。

不知道自己無知和自以為是，這兩者有差別嗎？我認為無知的人往往才會更容易自以為是。「自以為是」裡有著傲慢，心中無神、目中無人。但「不知道自己無知」的人只是一個單純的人，如果他知道自己無知，而又願意虛心學習，那麼連高山都要為他低頭。

其實這也不能怪他們，當一個人無知的時候，如果又礙於面子或是羞於麻煩他人，不好開口問，他們會自以為是地自創方法；但因為無知，那些自創出來的方法往往很奇怪，他們自己不知道，但你也不好意思說，一旦說了，他們必定會反駁。

後來我明白，一個並不知道自己無知的人，哪怕是用了會被恥笑的方法，也會努力要完成些什麼。看到這一層，我其實是會感動的。

無知的人不應被過度指責。因為不是每一個人都有高度的理解能力和獲得教導的機會。

啊！這樣的人很多，你看到了他們裡面的天真與善良。這種無知不包含驕傲，像是孩子不知道自己不知道一樣。那是一種學習與嘗試的本能。但是當這樣的狀態進入成年、走入社會，勢必會遭來許多奇異的眼光，影響就職和人際，無法進入更高的層級。

祢說他們天真善良，是的！當我看見他們的善良時，我並不覺得他們無知。

這樣的人由於天真單純、心思無瑕，無知讓他們不知道別的，只曉得面對眼前、活在當下。儘管是用世人眼中很笨的方式解決眼下的問題，他們的專注依然是謙卑而可貴的。而真正的可悲者是：明明知道自己不懂，還一門心思地自以為是。

我留心到一件事，這世界上百分之八十的人都不屬於人生勝利組，儘管如此，他們也希望可以藉由自己的努力幫助別人，可是他們都過著不算富裕的生活，很多人甚至對金錢有排斥，卻又不能沒有它。

他們把「過著清貧的生活」視為一種必須的修行，但又對於「沒錢帶來的不便」多所抱怨，只是不一定會說出來。

很顯然地，他們需要被幫助。至於那些日子過得富裕的人，其實也有著各自不能解決的問題。

我很難去說「誰的福報更大」或是「誰的道途適合修行」。在我們合作的前三本同名書籍中，其實已經針對上述兩種人提供建言。但在接下來的兩本，會更有針對性、系統性地去幫助一個人心智重塑，重新啟動靈性的力量去開創人生。除非，他認為這是個大工程而自願放棄。

我很難相信會有人自願放棄可以改造自己人生的機會。

不但有，而且很多！那些是活在癡暗、渾沌、懶散、消極、悲觀狀態的人。只要這些人有一絲的意願想要改造自己的人生，這「一絲」的願力就可以成真。甚至是那些鐵齒鋼牙、自以為是，卻依然過得不如意的人。

我以為自以為是、膨脹自我的人無法穿越上帝的針孔，但祢也對他們一視同仁。我很感動！

你知道《聖經》上說的：「一個人若有一百隻羊，其中一隻走迷了路，他豈不把這九十九隻撇在山上，去找那迷路的嗎？若是找著了，他為這一隻歡喜，比為那沒有迷路的九十九隻歡喜還大。」

「你們在天上的父也是這樣。不願意這小子裡失喪一個。」

是的。我們就來幫助這些願意打開心門的人，成為「人生勝利組」吧！只有幫助這些人也成為「人生勝利組」，走向另一個層級，開啟了他的眼目，才會明白，人生是不需要掙扎的。

祢是認真的嗎？幫助大家成為人生勝利組，反轉階級？

自從我們對話以來，我騙過你嗎？

沒有，祢在我們之前的三本對話中所說的話，經過我的實際操練，確實都發生了作用。我已經不是當年那個三觀扭曲、價值感低落、窮困潦倒的人。

請更正！是五本，也包含另外兩本散文集。我說過，如果沒有我的介入，你甚至不會知道那是靈感。我很高興看見你的改變，如果頑強、固執如你都可以改變，其他人只要願意打開心門，也都做得到。

不管他原先的「社會階級」嗎？

是的！只要是活著的人，這些內容對他都會有幫助。不管他是否來自有問題的父母或扭曲的原生家庭。

那麼，我們要開始了嗎？我該做些什麼？我的意思是說，老大親自系統性的教學，總有什麼是我該做的吧？

你只要忠實地記錄這份對話就功德圓滿了！

好的！

安全感

——「不安全感」才是人類生命所有問題的根源。

那麼開始了！

在你們身上一直有兩股力量拉扯著，這兩股力量帶領你們整體前進，卻很大的程度剝奪了每一個個體。這兩股力量一個在內、一個在外，如影隨形，揮之不去。

一個力量是「安全感」，另一個是「罪惡感」。

⊙道德感是一種制約

安全感並不如字面上的意義般，為人帶來安全，事實上每個人終其一生都活在「相當程度的不安全感」當中。如果說「安全感」是每一個人終其一生所要追逐的感覺，那其實是恰如其分的表達。

但安全感不是一種感覺，而是一股能量，是支撐一個人之所以成為一個人的基礎能量，當一個人沒有安全感，就會開始追逐，這份追逐也讓許多人疲憊不已、精疲力盡。

為什麼追逐?因為「不安全感」。

你是因為明確地知道「不安全」，所以開始追逐嗎?不!你們不會敏銳地察覺到那一份「不安全感」的存在，你們會直接執行「不安全感」下發出的指令。一切就像是程式設定好的那樣發展。

餓了要找吃的，冷了要找穿的，如果沒有，會思考的腦袋就會開始設想「我要如何才能得到我需要的」。於是追逐開始，人生大戲於焉展開。而那一份「不安全感」·像是常駐程式一樣隱藏在心靈深處，持續永恆地，分分秒秒，逼迫著你擔驚受怕。

動物也受到不安全感的驅使，只是動物更能接受，並且能活在當下。它們只會等待環境提供食物，或是遷徙到有食物的地方，如果沒有，他們就會靜默地接受死亡。

有頭腦的人卻不，他在追逐安全感的路途上，為自己和他人埋下了危險的地雷，最後這些地雷的引爆也會傷害到自己。

但是在地雷引爆之前，他已經因為追逐的過程而失去了原本的自己，讓自己從內部開始腐壞，儘管可能已經獲得一些成就。

安全感的追逐是從不安全的境地出發。在遠古的時期，面對大自然的險惡環境，不安全感幫助人類警覺並且藉此存活。時至今日，人類已經發展出可以掌控大自然的力量，但這一份骨子裡的不安全感基因卻沒有消失。

這為每一個人帶來各種的問題。甚至可以說，是讓每一個人無法解脫、到達不了彼岸的根本原因。

這一本書裡，我會把你們人生的問題之根挖出來。所有承受著生之苦的人，都曾經為了「滅苦」而發出深深的疑問，不斷地追根溯源，探索宇宙乃至生命的發生。

你難道不曾這樣想過：「一定有一個我人生所有難題的根源和核心！」不用探索宇宙和生命的源起，世間的事情，我們用世間法解決。

今天，你拿起這本書，你和我，我們一起共同來揭開這個謎底。當謎底揭曉，凡閱讀的人都能獲得渴望已久的自由和滿足。

這是一本自由之書，而非心靈解脫之書。談論心靈解脫之道的人已經太多，而事實上，如果你有睜開眼睛看看，你會發現，在你們的世界中，追逐自由的聲浪和意願，遠遠大過於追逐靈魂層次的解脫。畢竟，如果只能跛著腳活著，那麼探討靈魂的解脫也只是一種逃避，這種逃避對靈魂而言毫無意義。

不要再用「知足」框限你的腳步，「不滿足」會帶給你真正的進步。你需要這兩足，才能自由地盡情奔跑，特別是生活下起了大雨、而你沒有傘的時候。

宗教許諾一個天堂和淨土，然後創造出一個永罰的地獄，他們就是這樣地掌握了人們期待和恐懼的心理，並且宣稱每一個人都有罪，將並不存在的「罪惡感」，像枷鎖一樣地套上每一個人的脖子。

你難道不奇怪，為什麼一朵路邊的野花不會被宣稱有罪?因為沒有人會想要操控這朵野花，而且根本沒有必要操控它，但操控者卻是可以獲得好處的。

是很多好處！

宗教抓住了人們渴望安全感的心態，給予永生的承諾；又基於控制的初衷，憑空創造了地獄。用刑罰和罪惡箝制了每一個人的思維，以至於無人可以想像，人竟然可以無罪、竟然可以全然地自在。

「是啊，如果每個人都可以擁有一切，活得一無所懼，那麼這個世界對於想掌握資源的我，將不再有用；因為我必須和別人爭奪，這樣持續拚搏的世界，將會變成我真實的地獄。我不能讓這樣的事發生，我要掌控！」在操控者心中想著的便是如此。

宗教要你相信這樣的可能，而這完全是基於對人性與對神的不信任。全然對神的信任所表現出來的人生便是「不掌控」，那是東方所說的「大道之行」。

相反，當宗教要開始掌控人類，就會拿出「神」的大旗，用「非神」的方式綁架你的思維、好奇與質疑，用恐懼凌駕你的意識。像一張大網把你的人生罩住，連你的思想都逃不出去。

儘管他們宣稱這是神的「意旨」，但卻是創造出另一個真實的「反神」力量。人們會思考：「是啊，我沒有犯罪，我沒有做什麼不應該的事啊！如果神是萬能而潔淨的，為何會創造出充滿罪惡的人類？」

但是宗教告訴你：「你或許沒有做任何不應該的事，但是你仍然應該感到自己有罪。」這便是罪惡感的來源。在東方，人們用道德感來替代罪惡感。

「你是有罪的」、「這是不合乎道德的」幾乎讓「不道德」和「罪」劃上等號。

事實上，宇宙和地球的歷史遠比「道德」二字要更久遠。人類出現之初並沒有「罪惡感」。它讓一切人間的美與善都覆蓋上一層厚厚的灰塵，也讓孩子般赤誠的心靈，認識不到神所創造的美麗世界。

如果說「不安全感」是生物基於生存的需要而被擺放在基因中，那麼「罪惡感」的發生，則完完全全起於人類群體中少數人的貪婪和掌控欲。千百年來，後者的影響程度深入人心，已經對人類形成嚴重的制約。

掌控者對這樣的制約保持微笑，因為這確保了他們的掌控可以持續。只要人類持續迷茫在「他人訂定的規則」和「人云亦云」中，就可以保證他的受控，以及掌控者的獲利。

宗教貌似無害，但毒害卻更甚於政治。至少在多數的民主國家，人民可以選出自己的政府，除非你觸犯法律，否則政府不會宣告你有罪。而宗教並非如此。宗教宣稱，每一個人在神面前都有罪，除了他們所認可的才能無罪。他們不知道，神所造的盡是美善。

然而宗教真的不知道嗎？不！他們知道，但是他們情願掩蓋這個真相，否則就無法用他們創造出來的地獄與罪惡感來掌控你。

如果每一個人都可以和神說話，並且獲得回答，那麼宗教要如何立足呢？

罪惡感是外在加給你的，而良知卻不是。罪惡感並不真實，但是恐懼真實限制了你人生的發展。相較於不安全感，罪惡感其實更容易解決。因為創造這些罪惡感的，正是由一群充滿不安全感的人——掌控者開始。

⊙檢視玻璃心

「不安全感」才是人類生命所有問題的根源。

你看過一個人貪婪地追逐金錢與物質，你會知道他的內在有很深的匱乏感，而這份匱乏來自於他的不安全感，以至於他如果不這樣追逐，便會感到空虛。

可是當他終於擁有了金錢與物質，空虛感卻加重了！那是因為他沒有意識到，一切都是「不安全感」在作祟，所以他會持續地追逐，直到生命的最後一刻。

這樣終生的勞累疲苦，就是生命的目的嗎？用一生去追逐只能短暫擁有的物質與金錢，是重要的嗎？

如果一個人有內在的安全感，他將知足，不再追逐多過他的需要。

你看過一個人陷溺在成癮的狀態，不管那是菸癮、毒癮、酒癮、性癮或是任何的癮症。要知道「成癮」並不是他所要追求的結果，他只是想要藉由這些事物，來逃避自身內在安全感的缺乏；他想找尋一個快速的捷徑，轉移他的注意力，好讓他遠離焦慮。儘管他自己可能不知道。下意識的他會這麼想：「我這麼辛苦勞累，抽根菸放鬆一下吧！」、「這些事情太煩人了，我需要喝一杯，減輕一下壓力。」、「人生好難，還不如飄飄欲仙爽一下。」或是無意識地拿起他們的手機不停地滑。

他們的頭腦不斷地催眠自己「人生很累、這事很難、工作很苦、這人很煩」，於是頭腦給了他們解方——用「可能造成更大的問題」去遮蓋人生的難。

他們知道這是逃避嗎？是的，他們知道。但是他們已經被這些物質控制住他們的肉體，以致無法決定自己不把香菸和酒往嘴邊送，或讓他們長時間地對著手機低頭。

這一份「逃避」是在逃避什麼呢？答案是逃離不安全感。是不安全感讓他們產生「人生好苦、好累、好難、好煩」的感受。於是在一個糟糕的主人——頭腦——的唆使之下，他轉移焦點到手機上瀏覽網頁，接受網路供應商餵養他的資訊；也配合著周圍的其他人，來上一根菸、喝上兩杯酒。然後允許這些事物，創造出實際上不安全的事件。

如果一個人有內在的安全感，他將不再需要任何可以放鬆、麻痺、逃避的上癮物質。

你看到一個人，凡事充滿疑惑，畏畏縮縮，遇事裹足不前，拖延猶豫，對人對事也極無自信，看起來懶散消極，活著全無熱情與動力。這並不是他缺乏成功經驗和周圍的好榜樣，也不是因為他生病的關係。他只是被生命裡深深地不安全感所控制，不安全的感受讓他以為，不管他做什麼努力都將是無效的，讓他唯一知道的就只有害怕。

在這樣信念的影響下，一個人要怎樣活出生命的光彩和自信？並且更進一步地培養能力？一個安全感充足的人，時時刻刻都感到安適滿足，他的存在即是自信，又怎會在眼神中流露出怔忡驚恐？

你看到一個人對另一個人百般討好、屈膝逢迎，丟失了自己。這「另一個人」可能是上司，可能是父母，可能是子女，可能是伴侶或任何人。一個人為什麼會自願拋棄自己？除了「做原來的自己」讓他感受不到安全與安適之外，你還能有別的理由嗎？

至於那些被迫配合他人要求而放棄自己的人，他們被迫為別人而活，感受不到自我的存在，當然也談不上安全安適，於是更加地不快樂。

心靈機能強健的，還能夠忍受著過日子；心靈脆弱的，可能就會選擇另一種終極的逃避——死亡。確實，一個有著完整人格的人卻無法做他自己，其實已經形同死亡，差別只是肉體何時埋葬。

如果一個人的內在有足夠的安全感，又怎會輕易拋棄他自己？如果一個人內在的安全感俱足，他必然有足夠的自信，去面對任何違反他意願的強迫，而提出反抗，或是找出平衡的方法，而不是逆來順受，委屈了自己，順遂了強權。

你看到這個世界上有人盲目地追求流行、崇拜偶像，消耗了他自身的精神能量與辛勤工作賺取來的金錢。當你問他們，他們說：「這是時尚，與時尚同行可以讓我感到快樂。」這意味著他們原先的狀態是不快樂的——失去安全感是一個人丟失快樂最快的方式。

畢竟當你活在「不知名的焦慮」和「生存的恐懼」中，快樂只是一個遙遠的虛構名詞。

如果一個人內在有足夠的安全感，他將定義他自己，而不是藉由那些流行的服飾或配件。他甚至可以一絲不掛、昂首闊步走在人群裡，任人品頭論足而毫不在意。

你看到人際關係之間出現輕蔑與羞辱，來自某些人的傲慢與偏見創造了摩擦，這並不是因為被輕蔑羞辱的人缺乏任何被外部世界認可的標記，像那些財富、地位、名校、職稱等等。輕蔑與羞辱之所以會成功，並且深入當事人的心中，形成傷害，根源來自於內在的不安全感。

不安全感象徵不足，不足引發自我匱乏感，自我匱乏感的另一面便是自卑感，自卑的人很少沒有玻璃心的。如果一個人的內在沒有自卑的存在，傲慢與偏見的毒箭即便對他射出，也會軟弱地垂下來。

相對於那被輕蔑羞辱的，傲慢與偏見的持有者們內在有著比不安全感更大的黑洞，這個黑洞遮蔽了他的心靈之眼，他看不見也想不到「他與所羞辱對象之間有著相同的本質、想望與被愛的渴求」。如果不是內在有著深不見底的黑洞，到底是什麼讓他必須遮蔽同理心之眼，去表現出優越感，而不是平等的對待？

一個內在有著安全感的人，既不驕傲也不自卑，在心靈上，他不成為加害人，也無法被任何人傷害。他明白自己的底線和極限，清楚每一個人都有獨特詮釋自己人生的權力，並且對此表示尊重。

你看到人與人之間的各種比較和嫉妒、計較與爭執，同樣是來自於內在根深柢固的不安全感。

這並不難理解。如果一個人有著十足的安全感，他的存在即是、如是、本是，他會注意到自己和旁人的差異性，但不會升起比較心，更不會有玻璃心。

由於對差異性的透徹認識與接納，嫉妒變成一種無法想像的狀態。至於後面的計較與爭執，更是因為嫉妒心的消亡而消失。他可以在滿漢全席的桌邊，自在地吃著白饅頭而仍覺得美味；不具備安全感的人，即便坐上滿漢全席，依然有著驚人的焦慮讓他食不下嚥。

至於像是紅塵中經常出現的「八風五毒」（八風：利、衰、毀、譽、稱、譏、苦、樂。五毒：貪、嗔、癡、慢、疑），無一不可追溯到安全感的缺乏。

簡言之，如果一個人內在的安全感俱足，他將獲得無上的喜悅和平靜。那便是天堂和佛國淨土。

⊙慢慢來比較快

幸虧我寫下來了！幸虧我寫下來了！謝謝祢透過我寫下這整段話，我有一種視野被打開的遼闊感，彷彿這個答案是我在暗室中搜尋多年而不得的關鍵解答……祢知道嗎？我認識「安全感」這三個字多少年，卻從來不曾想過，它對於我們人生中的影響是這麼全面！

我自己也曾經說過：「安全感並不是真實的存在，如果一個人沒有找到自己。」但我現在懷疑，我當時到底知不知道自己在說什麼……

還沒有結束！先別急著道謝。如果我沒有接著說明獲得安全感的方法，那麼這將是一本無用之書。提出觀察與觀點只是神的功能之一，我將再度地提供具體實做的解答。

既然「不安全感」是一種心靈狀態，那麼開出的藥方也必然是針對心靈，而我將在生活中提出一些方式，協助你獲得一顆全然安適的心靈。

願樂欲聞！

內心安全感的外在具體表現就是「和諧」。多數人對於追求和諧的困難之處在於，只知道「目的」卻不知道「手段」。「和諧」是目的，而「調和」是手段，也就是方法。

如果一個人內在渴望和諧，則他必須要先能跟自己和諧，如果他試過許多的方法依然不能奏效，那麼他一定是忽略了「調和」。

「調」是動詞，是調整與溝通的意思。當一個人與自己的溝通出了問題，就會弱化調整的能力；當他面對外在客體環境的變化卻無法自我調整，就會產生焦慮，一個焦慮的人自然是處處不和諧的。不管他讀多少遍的《金剛經》或是打坐多久。

祢的意思是說，要是一個人的內心沒有調和，失去了和諧，那麼他就無法獲得心靈的安全感？而一個無法在心靈上獲得安全感的人，也無緣成為人生勝利組？

我是說，如果他的內在有和諧，是的，他會獲得心靈的安全感，也會更接近人生勝利組。

其實，活在焦慮當中、內心沒有和諧的人，也有很多的人功成名就，但是快樂與否，只有自己知道。

快樂，永遠是人生勝利組的第一個條件和最終的結果。快樂就是阿爾發（α），快樂也是歐美茄（ω）。

現代社會資訊爆炸，現代人每天工作忙碌，社群網站讓人際網擴大，我們同時要處理實體和虛擬的各種關係，心神耗竭。有什麼具體的方法可以幫助我們「調和」心靈嗎？

記得那一句廣告詞嗎？「世界越快，心則慢」。

拜託，沒有人不認識金城武好嗎？

心靈必須帶著意識地和世界的速度脫勾，如果不是，過度的運轉就會讓他喪失心靈，一個高速運轉的風扇，你根本看不到葉片。放慢腳步！慢慢來比較快。

靜、慢、緩、軟這四個字其實就是進入「調和」的關鍵字，因為這麼做的人會「時刻覺察」。

現代人吃飯快、說話快、走路快，做決定也快，要他們「慢慢來」還要「時刻覺察」，是一件高難度的要求。

外部的焦慮是由「速度」和「數量」所引起。作為一個人，可以是輕鬆自在，凡事不急不躁的。話是可以好好說的，事情是可以慢慢做的。

你可以統計一下，當你們的手機從3G變成4G之後，增加了多少的憂鬱症、躁鬱症或是失眠的患者？

我們此刻已經進入5G的時代了！

科技的便利縮短了人與人的距離，卻讓人和自己的心靈離得更遠。當你的意識從早到晚都被外在客體世界所吸引，而忙著處理外部的事情，某種程度來說，你已經被世界挾持綁架。「忙」這個字，說的就是「心靈的死亡」。

關注外界是到處置心，乍然安靜卻又心無著落，內外兩邊都使人焦慮。

這個世界從來不是非黑即白、沒有中間地帶，事實上如果你願意去細分，所有的事物都可以無限地切割，而讓你看見不同的視角和色彩。難道你不知道，沒有兩片雪花是一樣的嗎？如果我在雪花上可以做到無窮的變化，世界又怎會只有兩個選項呢？

該如何做到無限的切割？

在你問「如何」之前，先要學著靜下來，就像當你要切開一顆大白菜，你必須要先把它固定好。

好！第一步是「靜」。不過這個要求對這喧鬧的世界來說，實在是奢求。就算把自己關到隔音室，也會有一堆的手機訊息干擾。

那就把手機關掉！手機是移轉內心焦慮的「替代投射」。

你有沒有意識到，當你越焦慮，就越容易下意識地拿起手機開始滑，越滑卻只會越焦慮。你只是無意識地滑動手指，卻其實對於螢幕上的資訊視而不見。因為你內在是什麼就投射什麼，你投射什麼也就獲得什麼。所以在焦慮狀態下使用任何方式轉移，都只會得到惡性循環。

對習慣忙碌喧囂的人，一下要他乍然安靜，很難耶！

不是難，是不習慣。所幸對每個人的人生任務來說，各自的時間都是夠用的，而所有的好習慣都是從「不習慣」開始的。

靜下來，好！再來呢？

然後帶著「覺察的意識」刻意地放慢一切的速度。說話慢一點，動作慢一點，走路慢一點，吃飯慢一點。這是「慢」。

慢下來的只有外部的動作，而且需要極度刻意地這麼做。

當你「刻意」地這麼做的時候，是不是感覺「意識集中」、「活在當下」的感覺？

是的，但恐怕不能持久。

不需要太持久。沒有人可以整天維持高度集中的精神意識。

一天當中，你可以養成一個「給自己提醒」的習慣，並且只在因為提醒而想起的時候，帶著覺察「慢下來」。逐漸地，你「想起」的次數會越來越多，你行動的速度真的會開始變慢。然後你會發現，在慢當中，你也變「穩」了。

有時候我以為我用了一小時去完成某件事，做完後看看時鐘卻只過了十分鐘。

十分鐘的專注可以發揮一個小時的時間才能釋放的能量，這就是「能量集中之道」。時間是個幻象，這對你們許多人來說，並不是新的知識，但「對時間的主觀感受」卻是存在意識裡；當你帶著足夠敏銳的意識去觀察、去行動，時間被你的意識壓縮，變成濃稠而流速緩慢的具體。就像你專注地盯著時鐘的秒針，你可以看見「秒與秒」當中的間距。

為什麼專注的時候幾乎沒有感覺時間的流逝？

因為當你專注時，你的意識質量變成細微而集中的量子束。而你知道，量子不受時間與空間的限制。

當你放鬆你的意識，不再專注任何事項，時間就會拉回到地球的「物理狀態」，以一個「概念」的形式在你們的時空中繼續。

時間是可變而有彈性的。「時空鈕」的開關，就在你切換心靈與意識的一念之間，從來就不是什麼時空旅行的機器或是超越光速的太空船。

我要怎麼啟動時空鈕？

全神貫注。

我用你教的「做任何事情都『全神貫注』的方式」度過了漫長的一天。

為什麼漫長？你的一天變成四十八小時了嗎？

當然不是！當我做什麼都刻意放慢速度的時候，我注意到有神奇的事情發生……

例如？

我主觀上的「時間感」變慢，我的動作也不知不覺自動放慢，但是事情的完成卻加快了。太神奇了！我還為此寫了一篇「時間的自由」的文。

那一篇文有很多的錯字……

我知道，因為靈感快速出現，我根本來不及選字，只能一直打字，後來校正的時候沒仔細看……

你還是需要一點時間改變你的急性子。「慢慢來」這三個字在你寫這篇文章時，又再度地提醒你它的重要性。你可以放慢速度過一整天，卻在寫文章的時候破功……

是啊，真糗。不過，裡面的觀念應該沒有錯吧！

如果是讓你停不下手的靈感，那麼多半都是「下載」於我，一般是錯不了的。

我可以分享在這本書裡嗎？

放上來吧！其實它是個針對「時間」很不錯的說明。

⊙時間的自由

時間，有人說它是假的、虛無的，只是一種我們在這個世間的計算方式。這種說法其實是正確的，因為時間確實無形無相，而且，除了地球時間，還有火星時間、土星時間等等，可見時間是隨環境而變化的。

等一下，時間是隨環境而變化的？我們再想一想，這是真的嗎？是隨環境變化（不同的星球、自轉速度等等）還是隨觀者的心念？

你覺得是哪一種？你有沒有無聊的時候感覺時間好慢、痛苦的時候度日如年、快樂的時候時光飛逝的經驗？實際上，時間有他客觀性的計算方式存在，但感受性還是被我們的主觀引導的。

主觀的感受性分為頭腦和心靈。大多數人都是活在「頭腦模式」裡的，頭腦和時間之間的感受性是成正比的。也就是說，當你的頭腦動得越快，會感覺時間過得很快；當頭腦膠著、陷溺，頭腦就會感覺時間過得很慢。

「快樂的狀態」其實是頭腦正處在一種快速運作的狀態中，就像你追劇的時候沉浸在劇情當中，對你的周圍不知不覺，所以會有「歡樂的時光一下就溜走了」的感覺。

那「無聊」呢？當你讀著一本很生硬的書，或是看著一齣很不合口味的電影，你的整個人都陷溺在那個讓你不喜歡、無聊、僵硬的「狀態」中，你頭腦的完整性全然地被那樣的狀態包圍，你會產生一種如坐針氈、度日如年的感覺，於是自然感覺一分鐘像是一小時，時間變得好慢。這是頭腦之於時間的感受性，是成正比的。

那心靈呢？心靈對於時間其實是脫勾的。因為時間其實只是一個概念，說的更精確一點，就是只有在我們這個時空才會出現的概念，而「概念」是很主觀的。心靈可以受到時間的限制，也可以不受時間的限制，全在你一念之間。你可以瞬間來去銀河邊緣或是一個不知名的地方，意念的速度沒有上限，甚至可以超越光速。

你是否有「走進戲院看一齣很精采的電影，演完之後才發現，原來片長足足有兩個半小時」的經驗？真是好久！可是看電影的當下，並沒有感覺時間在流逝。

當心靈專注地沉浸在某齣戲或某個情境中，主觀的感受受到當下愉悅與否，來決定時間感的快慢。

另一個例子是：當心靈全然靜止的時候（例如入定），主觀的時間感受過得越快，幾個小時也像是幾分鐘。現代有許多人都會靜坐，這樣的經驗時常發生在靜坐的人身上。

在心靈的世界裡，時間是由你的主觀感受決定的。空間的狀態也是由你自己創造的。對一個活在心靈狀態的人來說，時間與空間只是一種變幻而可操控的把戲。當然，我說的是「他心靈世界的時間和空間」。

我們必須承認，有時候真的很難區分你是在「頭腦模式」之下還是在「心靈模式」。要能夠區分這二者，你必須時時刻刻處在「覺知」的狀態下。

舉一個比較極端點的例子：當你與「思覺失調」的患者說話的時候，會覺得他答非所問，問答全然牛頭不對馬嘴，就是因為他正處在自己的世界中。一般人可以分辨出現實和想像的差異，而他們的頭腦和心靈完全活在「自己的泡泡」裡，所以才叫做「思覺失調」。

關於心靈的時間和空間的變化，我自己曾經有一些類似的奇妙的經驗。

某次我要趕赴一個約會，但是我記錯時間，等我發現時，距離約定時間只剩四十分鐘，當時又正好處在交通尖峰時刻。我算算距離，正常來說，無論如何我也不可能不遲到。但奇妙的是，就在我完全接納我一定會遲到的當下，內心反而不慌不忙，在平靜自然中不急不徐地走著，結果我居然還比預定時間早到。

你可以說我運氣好，正好沒遇上塞車，但我的說法是：正是因為我的不慌不忙、不急不徐，「吸引」了一條不會塞車的路，因而讓我沒有遲到。

關於心靈與時間，還有一個「黃粱一夢」的故事。

書生向道士抱怨他的窮困潦倒，道士借給書生一個枕頭讓他睡覺，睡覺的時候一旁正在煮小米，書生在心靈編織的夢中，經歷了飛黃騰達、榮華富貴的一生，睡醒後小米還沒煮熟呢！

書生太想要富貴了，於是在道士的道術之下，他的心靈就讓他在夢中經歷如真實一般地富貴人生，然後結束。其實和那個枕頭沒什麼關係，一切都是道士藉由書生的心靈在對他進行自我教育。

你相信你的心靈可以決定時間的快慢嗎？如果你的心靈可以決定時間的快慢，很多事情都是你「說了算」。

問題在於，我們如何讓自己經常性地處在心靈的模式之下？

你有沒有那種從夢中醒來的經驗：夢是存在心靈系統中，當醒來之後夢境消失，而你恍如隔世？

頭腦和心靈對應的是兩套不同的時間系統。頭腦對應的是地球時間，所以每個人都遵從一個客觀的事實——一天二十四小時。

而心靈對應的是宇宙時間——專屬於個人的「心靈平行宇宙時間」。

在我們這個次元的實體宇宙，光速每秒鐘可以跑八萬公里的距離；但心靈平行宇宙不屬於我們這個次元，你的心靈意念完全可以超越光速。

每一個人的心靈都是一個平行宇宙，每一個心靈平行宇宙的時間都是獨立的，所以每個人心靈當中對時間的覺受，都和他人不同。

甚至在各自的主觀中，連出現的「事實」都會不同。「曼德拉效應」以及許多類似「記憶錯置」的都市傳說，就是因為，每一個人各自獨立的心靈平行宇宙，對發生的事件記憶重疊。

「心靈平行宇宙」是一個和宇宙一樣廣大而富有彈性的虛擬概念，但在心靈中，它無比真實，而且深受心靈的感受影響。你可以用「程式」來理解。

電腦程式只存在電腦中才有實際的意義，它只是一堆符號和數字，只有電腦可以解讀和執行。

程式，只存在電腦的世界裡，呈現的載體叫做螢幕。而心靈，在你的生活中，其實是摸不見、看不到的，但是它像是程式一樣地被執行，在心靈執行程式的「空間」，就是「心靈平行宇宙」。

而呈現的載體在哪裡？在你的客體生活中。你一定聽過「意念創造實相」吧！可能也理解「外在世界是內在世界的投射」。其實說的都是同一個意思。

如果人們可以透過程式，在電腦螢幕上做出各種綺麗幻境和讓人不可思議的畫面，那麼心靈能創造的，豈不是比電腦更大？因為心靈連結的是宇宙巨大的主機。

我來跟大家講一個「心靈平行宇宙時間」和你的心靈相關的其中一個法則：「心靈平行宇宙時間」的快慢是可以由「心靈的意念」來決定的。

「大周天」指的是天地宇宙的運行，而「小周天」指的是人體的經絡臟腑。如果人體經絡、臟腑之間的配合，與天地運行的頻率相合，身體就會健康。用廣義的角度解釋，君王如果能效法天地運行的法則，那麼人間就會風調雨順、國泰民安。

「大周天」與「小周天」是中醫的觀念，在中醫的觀念中看的是整體性，不單單只有身體，心靈與神志也在中醫的範疇之內。所以自古以來，東方都有著「人的行為必須配合天道」的觀念，才有「人不照義理，則天不照甲子」的俗語出現。

不管你想或不想，其實你的心靈都和你的心靈平行宇宙同步，特別是當心靈愉悅並快速跳躍的時候，你的心靈平行宇宙時間會跟著加速配合你的心靈，於是意念和現實的距離會縮短。

這就是為什麼快樂的人總是容易心想事成的原因，這也是為什麼有人會說「快樂是成就一切事情的基礎」。

心靈的愉悅有四個字形容，叫做「熱情無懼」，那是一種對生命全然投入、完全參與的狀態。就像是一個人參加了一場成功學講座，他打從內心被激勵了，決定改頭換面，開啟一段新的人生。那麼當他每天都懷抱著熱情無懼、希望與正向積極的態度，開始透過行動去改變自己時，他的心靈是處在愉悅的狀態下。

這樣的心靈愉悅，會加速他的改變，而改變的結果又鼓勵他繼續改變，於是產生正向的循環。最後他真的整個人改頭換面、煥然一新。

當心靈感覺到黏膩、窒礙難行、受困、沒有出口，人變得很消極，心靈的運轉變慢，那麼他的「心靈平行宇宙時間」也會慢下來配合他的心靈（所以老神才會說，我永遠會等你們，你們有無限長的時間）。

我遇過不少憂鬱症的朋友，他們當中有不少人，會在發病的狀態下，感覺自己的說話、思考和動作都變慢了，甚至他們看周圍，也像是慢動作一樣。

通常憂鬱或是消極的狀態，不一定是我們「主動」去創造而來的。但無論如何，宇宙會慢下來等我們，等我們恢復，然後一起加速。

當心靈處在這樣停滯的狀態，最好不要一直陷溺，而是應該立即「跳針」，讓自己的心靈再度地飛揚、活化起來。

很多人會去參加成功學激勵課程，讓自己動力十足。但這樣的課程效力多半都不持久，人們很快地會消褪熱情，掉回原本的狀態。因為有著習氣的關係。

而其實有許多的方法可以幫助心靈的活化：運動、閱讀、旅行等都能作到。而旅行是一舉三得的方式。

旅行是閱讀我們所身處的世界的一個方法，在旅行的過程中也需要運動你的身體，所以很多人才會建議，一個心靈閉鎖的人要多出去外面走走。

另外一個情況是：當心靈主動去尋求安靜、冥想或是入定時，心靈平行宇宙時間也會配合著靜止，好讓意識可以在靜止的心靈宇宙中穿梭，並且獲得滋養。

其實在這個狀態下說「時間」是不對的，用「時空」才對，因為時間和空間不可分割。如果時間只是個概念，那麼空間也只是個幻象，許多古老的經典都有這樣的描述。

因為體認到時空是個概念與幻象，因此主觀上的意識，可以在靜止的心靈宇宙時空中快速地移動。

你自己也許就有類似的經驗：在靜坐中，你的意識快速地穿越時空、跨越星際，你變換環境與場景的速度快得驚人！就像周圍一切都靜止一樣。這就是所謂的「超越時空」。那些入定的人都可以是超越時空的旅人。

心靈系統切換到頭腦模式的感受指標──「恍如隔世」。如果你有恍如隔世的感覺，那麼你之前一定才剛從心靈的平行宇宙回來。當你回到頭腦運作的模式，一切恢復正常，回想剛剛的夢境，恍如隔世。

而迷幻藥能達到類似的功效，很可惜的是，迷幻藥影響的是大腦的作用，所創造出來的也是大腦的幻象，並非心靈的實相。透過迷幻藥並不能幫助人們真正獲得靈性上的進步，藥力消褪之後的「恍如隔世」也並不真實。

我曾經在冥想當中進入一個前世的場景，那個場景似乎任何時候都等待著我去「嵌入」扮演一個角色（它恆常而靜止），我在裡面很快活地演了一大段，之後有個聲音跟我說：「你差不多該回去了！」然後我睜開眼睛看看周圍，恍如隔世。蠟燭才燒不到三分之一，而我已經在另一個次元的心靈宇宙上演了好長的戲碼。

又有一次，我在夢境中的一艘太空船上待了好久，一路飛越整個銀河系，來到銀河以外的某個星球。在那個情境中，我的眼睛目睹的宇宙奇景和匪夷所思的畫面，讓我在早上醒來的時候問自己：「這是哪裡？我是誰？」哈！我根本心靈還在那艘太空船上，一醒來恍如隔世啊！

關於「心靈時間」，你也可以做一個實驗：盯著時鐘上的秒針，專注地看著它移動，秒針走一下數一次，數上六十次就是一分鐘。

你會感覺一分鐘好久！但你不看時間的時候，一分鐘像是一眨眼就過去了。因為專注看秒針的時候，我們用的是心靈系統，而心靈系統和客觀時間是脫勾的。就像是一個前進的貨櫃車，車頭和貨櫃的掛勾忽然脫落，貨櫃就會開始減速一樣。所以你會發現秒針變慢了。

因此隨著越來越專注，你的主觀感受會讓你感覺，自己的時間變慢了；要是再更專注到「入定」的狀態，則對這個實體世界的時間感就會消失，你會完全進入超越時空的「心靈平行宇宙狀態」。很多人在冥想時，都會有身體消失、只剩下自己的意識存在的經驗。

當一般時候你用的是頭腦模式，你不看時間而忙於生活和工作的事情，因此主觀上「時間的速度感」變快了（地球時間），一眨眼一小時就過去了。所以時間的快慢是由你使用「頭腦」還是「心靈」決定，其實並不是你的感受決定。

說到底，時間只是一個概念，但是它在我們的時空如假包換，如果你可以用心靈去感知它，就會知道時間的虛無，進而可以去控制它。

你決定經常使用頭腦系統，還是更常使用心靈系統？當你可以控制你這顆心，動靜都收放自如，快慢都從容不迫，你就掌握了時間的恆常。

注意這兩句解釋：「動靜都收放自如」意思是，不論你的身軀是在動作中還是靜止中，你都要保持一份清晰的覺察，知道自己在幹嘛。「快慢都從容不迫」，這邊的快慢指的是外界的狀態，不論外在的狀態如何改變、如何顛簸，你就是心平氣和、慢慢來。因為真的，慢慢來比較快，欲速則不達。

「靜比動快」，「慢比快遠」。當一個人可以收拾浮躁的心情和多餘的妄念執著，就可以讓自己比較容易進入心靈的世界，超越快慢和遠近，感受心靈平行宇宙的一切，然後藉由心靈投射於客體世界，加速你想要發生的一切。

所以，不是因為進入心靈世界而可以安定安靜、沒有執著妄想；是因為你先安定安靜、沒有執著妄想，而可以獲得進入心靈世界的途徑。

所以你會發現，幾乎所有的身心靈門派，都會要你的心先靜下來。

靜下來的心靈才能是一面鏡子，而鏡子的後面是另一個次元，一個美麗的花園。那是人類的淨土。

⊙心靈魔法師

這回沒有錯字了！聽起來你像是已經完全明白了「運用心靈時間」的祕密，也清楚了獲得內在安全感的關鍵。

只是我也承認，寫得出來並不代表我已經熟練，我仍然要經常地練習。我知道這是祢給我的「靈感」，祢總是經常性地對我說話。那些「靈感」總在我真切地想了解、在發問之後，像「封包」一樣地突然出現。我必須把它寫下來，不然就會全身不對勁……

最好是！要真是這樣，現在這本書也不會讓讀者等待這麼久！我注意到這段期間，你在臉書上寫文章的熱情還勝過和我聊天……

呃……是的……

所以我只好也用另一種書本（臉書）的形式，回答許多人會有的問題，只是透過你。

我想要解釋一下……好多次我受到祢的呼招前來，我開啟了Word，可是我呆坐電腦前，卻不知道該開口和祢談些什麼……

你經常讓自己腦袋一片空白？

是的，跟祢說話不能用腦袋，我必須要清空心靈和腦袋才行，不然會塞進太多自己的東西……

真的一片空白？

好吧！其實不是，像是那片空白被什麼東西塞滿了，以至於我的思緒沒有出口，對祢提不出問題，也說不出話。

那些塞滿的東西是什麼？

好多好多，我讀過的書、我即將要做的事、拖延很久的工作……像是這本書。

你難道不覺得奇怪，為何十幾年前你一無所有、一無所知、措手不及的情況下，你可以完成我們的第一本書，而現在竟然如此困難？

因為我那時無知無助，只能仰賴祢，而現在我彷彿已經可以自立。是這個原因嗎？

這不是主要原因，主要原因是：這十幾年來你閱讀了許多書籍、認識了許多人、知道了越來越多的事情，這些或大或小的思緒和記憶充塞你的頭腦，縱使你的心靈有意將你拉向我，笨重的頭腦卻像是一頭倔強的大象，很難被拖動。

祢的意思是，我失去了當年的單純、赤誠，無條件地接納與愛？還是說我不該讀那麼多的書？

不！都不是。你一直沒忘記你要再度與我對話，只是你的頭腦介入了，它的想法是：「嗯，這最好是一部石破天驚的作品，我要好好寫，寫一部可以傳世的東西。」

哈！祢完全懂我啊！真不愧是神！

然後你就卡住了！那頭大象在勉強被拖動之後，就卡在框框裡了……

所以，我應該像寫第一本書時那樣，再次地遭遇滅頂之災，我才可以回到當時那樣的狀態和祢對話嗎？

如果你必須那樣，那表示你這十幾年的功夫都白費了。你並沒有忘記初心，它一直鮮紅火熱，只是被層層疊疊的思想和念頭障敝了。你不需要寫出什麼驚世駭俗的作品，那不是你的工作，是我的。

是我太驕傲了嗎？我總是認為我可以承擔，我可以自己來。卻偏偏……

是你的心智小我。你需要用歲月磨去你性格的角。但還不算遲，能縮小自己的人，就能窺見宇宙的奧祕，進入永恆。

這次我決定完全憑依、完全倚靠祢。

不過，我想讓你知道的是，在你前五本書的書寫過程中，在這十餘年生命閱歷的操練中，你已經越來越具有一個老師的條件。

謝謝神的肯定！

孔子說「五十而知天命」，算農曆的話，我今年正好五十歲，也就在今年年初的某一天早晨醒來，我睜開眼睛，出現的卻是這半生的回顧。我細細地看著，是什麼把我帶到此生目前的狀態？這當中認識的人、發生的事、說過的話……忽然，我看懂許多事件與人物的聯結和徵兆。很快速地，我像是頓悟般「抓到」了我此生的「天命」，一個清晰到無以復加的肯定。

是什麼？

做老師。

你不是已經做很久了嗎？

不！由於對於自己出身、學歷和背景的自卑，我的內心對於擔任「老師」始終是抗拒的。而現在，我知道我不只是老師，而且是有足夠實力向宇宙和神宣告的「心靈魔法師」。畢竟我的人生至今一切扭轉的奇蹟，自己看來都像是魔法一般。

很好！要做就做最偉大的！

呃……我應該還不會把「偉大」這兩個字用在自己的身上……

怎麼？你不覺得自己可以是偉大的嗎？

就像之前對「老師」這兩個字的看法一樣，我對於偉大仍有一些……

沒自信？

是的！我不認為自己夠資格被稱為一個「偉大」的心靈魔法師，至少，「偉大」這二字我不會用。

那麼宣告吧！就是現在！現在就對我宣告「我是歷史上最偉大的心靈魔法師」，像當年的梅林。如果他不自認為是當代最偉大的魔法師，就不會出現亞瑟王。如果你要的是教出最棒的老師，這一份帶著足夠底氣的宣告，就是你現在該做的事！說！

啊……我以為梅林只是傳說的故事……

說！凡你寫下的都會成真！

我現在頭皮發麻……熱淚盈眶……

說吧！現在就宣告那偉大的「我是」！

我是……最偉大的心靈魔法師。

大聲點！充滿自信地說！

我是史上最偉大的心靈魔法師！

很好！再說一次！

我是史上最偉大的心靈魔法師！

事就會這樣成了！

我從沒想過我要用這樣的方式宣告，甚至是要印刷成書的……

這樣你就賴不掉了，這一項宣告就變成了鐫刻在宇宙的命令，也是你終身的承諾！任何一個讀到這個段落而還想繼續的讀者，只要也用同樣的方式對著宇宙——我，進行大膽的宣告，天地都會聯合起來為他實現。

認命

——「認」識自己的由來，重新創造屬於自己的生「命」。

場景：書房內，桌面上有著宣紙和毛筆以及墨海。

時間：二〇二〇年秋天

（我正在聚精會神地寫字，就在完成其中一個字的時候，忽然之間，像是觸電一樣地抖動了一下，於是我打開電腦……）

拿掉你的性格！

你嚇了我一跳！

你是該嚇一跳。

有什麼不對嗎？一切都很好不是嗎？

是很好，完全按照你原先靈魂的設定。只是你不覺得有些地方怪怪的？很多事情開始停滯不前，或是推進緩慢。

你是指要接著寫後面的內容？「人生勝利組」全攻略？

該做的事情擱置太久，會讓人陷入昏沉、渾沌，然後開始不明所以地焦慮。儘管你讓自己刻意地靜下心來寫字，但你的心仍然被許多事情糾結圍繞，心拉扯著你的筆，怎能寫出好字？

我該怎麼做？

我說了，拿掉你的性格。

好的。但我不知道怎麼做。

忘掉所有你以為你知道的東西。那些被你稱之為知識、技術和智慧的。

這些都是作為一個人在這世上賴以生存的工具，忘記這些我該怎麼活？

不捨就不得，你必須失去那讓你得著生命的，然後才能獲得真實的生命。忘記那些之後，你將會啟動靈魂導航系統，而不是頭腦導航。

聽起來像是要我回到孩子一樣的無知天真，充滿犯錯的機會。

你是怎麼變成現在這樣，就會怎麼變回原來那樣。

見山不是山、見山又是山是嗎？好！我準備好被打回原形了……

記得我曾說過的嗎？所有在你生命中會出現的人，都是你的老師。

記得！

這週去找你的師父和合氣道教練吧！去山上射箭，他們已經等你很久了。

⊙功夫之道

場景：荒山上的射箭場
時間：二〇二〇年年秋天
人物：製弓師父、合氣道教練、明杰
（明杰正在為一把新購入的弓上弦，卓師父在一旁指導，游教練在泡茶）

明　杰：師父啊！我忘記是要用右腳還是左腳了，這把弓的磅數不低啊……

卓師父：（笑）太久沒射箭，連上弦都忘記了吼！來！（一邊說一邊把弓取來，兩下子就完成了上弦）

明　杰：吼！師父果然是師父！兩下子就搞定！

游教練：（一邊將茶海的茶倒入杯子）要不然怎麼當師父？你師父生活裡面大小事，都只跟射箭有關，我一輩子沒見過這麼專注做一件事的人！（笑）

卓師父：專？鑽牛角尖，條直（憨直的意思）啦！嘿係哇退休生活太無聊了，給自己找一點事情做。

游教練：（笑）對啦！條直嘎擱ㄟ當出國比賽拿獎牌。

卓師父：啊我就只愛這件事，只好就做這件事。

明　杰：（放下手上的弓箭，走過來坐下拿起茶杯）啊！這茶真香！（卓師父也過來坐下）師父啊！你作事業也很成功，製作弓箭的功夫也很厲害，到底你是怎麼辦到的？

卓師父：創業會成功，有一半是因為天時，那個時候台灣正好在經濟起飛的起點；另一半是我條直的個性，跟牛一樣，一旦認清楚了，就一路想方設法地做下去，不管遇到什麼困難。我還記得當時的照相印刷設備相當貴，我買不起，於是我絞盡腦汁、幾天不睡，用土法煉鋼的方式，自己搞一台出來。像這樣解決問題的經驗有很多次。

明　杰：你沒想過要收攤、放棄、改行嗎？

卓師父：**困難存在的意義就是讓人去突破**，如果只是因為遇到困難就放棄，那就太不成熟，因為投入的成本和心血都會直接虧掉，只能硬著頭皮一路前進。

明　杰：幸好後來走出一片天空了！

卓師父：這個就是我剛剛說的天時，那是時代的背景，如果那個時候台灣沒有經濟起飛，我就算頭皮再硬也出不了頭。

游教練：所以說天時地利人和，天時是排在第一位。事實上，沒有一個行業不靠天吃飯。人是很脆弱的，浮在地面上，只要風不調雨不順、四季失衡或是來個傳染病什麼的，人類的生活就會大受影響，更不要說發展事業和文明。很多人覺得，人類有科技，驕傲了，可以人定勝天了，其實看在老天的眼中，都只能發笑！那是老天不跟你計較，你真以為你能勝過老天？

卓師父：是啊！還有各人的命運也很重要。我一生中沒有宗教信仰，但是我敬天地，至少，不做逆天的事。很多人的運氣不好、諸事不順，其實都是因為做了許多逆天的事。

明　杰：師父、教練，我聽你們一個說天時，一個說運氣，像是那些人生的成就都無法被自己掌控。如果天時不對可以怪生不逢時，如果諸事不順可以怪命運不好。

游教練：掌控？那些想要掌控人生的人，最後都變成自以為是的傢伙，得了大頭症的人生奴隸。你掌控不了人生，你只能掌控你自己遇到事情時的因應方式，也就是態度。其實人沒什麼了不起，能把自己給掌控好了，就已經是一件偉大的事。

明　杰：第一件事就是別得大頭症是嗎？（笑）

卓師父：大頭症是我啦！你看我頭這麼大！（把頭低下來往前伸）

游教練：我的合氣道段數是國際七級，嚴格來說，台灣已經沒有幾個對手，但是我從來不曾在道場以外的地方、授課以外的時間，去賣弄、顯擺。合氣道是「收攝自我」的一門功夫，讓自己的內在成為一個圓，然後藉由這個圓的「勢場」去做防衛。表面上看來，合氣道是防身術，其實深入的探究，它是自我修練的法門，裡面的一些觀念和道家很接近。

明　杰：我知道很多的事情只要功夫下得夠深，都可以「入道」，像是日本的茶道、弓道、花道、武士道。但是「道」這個字很深奧，把很多神祕的事都用一個字表示了，讓人感覺距離更遠。今天是不是可以向教練請教一下「功夫之道」？

游教練：要講功夫之道，那卓師父會比我更懂，你不如直接問他。（卓師父在一旁嘿嘿地笑）

卓師父：（笑）我只會做弓、射箭，別的不懂，明杰你問對人了！（對游教練）欸，教練，哩馬係一代大師捏，徒弟發問了，你要傳道授業啊！

游教練：其實「功夫」這兩個字的含義很廣，所謂的「功夫之道」講的就是「本事」。本事用在商場，就是經商之道；用在戰場，那就是奇正之術；用在鬼神，那就是太極陰陽；用在做人，那就是自知之明。

明　杰：那武術的功夫之道是什麼？

游教練：藝術。

明　杰：藝術？

游教練：是的！出神入化就是藝術。你看電影裡面兩個武林高手對打，招式變幻莫測，讓人目不暇給，觀眾看得過癮、連連叫好，那些套好的招數都是刻意的美化，為了討好觀眾的，其實不具備實戰的功能，但是能夠設計得讓人目不轉睛，本身就是一門出神入化的藝術，那就是功夫。任何一件事，其實都可以是功夫的表現，不論是寫作、畫畫或是種菜，就像是「庖丁解牛」那樣。只有熟練到可以忘我的展現，不假思索地行動，一切都自自然然地，最後都能夠從中領悟到心靈與天地合而為一的境界。當你的力量和天地合一，出神入化還需要技巧嗎？

明　杰：這是「由術入心」之道啊！但要如何才能達到這樣與天地合一的境界啊？

游教練：你聽過「賣油翁」的故事嗎？

明　杰：我知道，是那個可以讓油從錢幣的孔洞穿過、而油不碰到錢幣的故事。

游教練：這個故事要說的是熟能生巧。

明　杰：原來一切只是熟能生巧！教練的意思是說，只要足夠熟練，熟到可以無心、忘我，讓功夫自己去展現，讓潛意識自己去行動，就可以……

游教練：是的！任何的功夫都有自己的生命意識，是活生生的，就是我們說的「道」。它的展現必須有一個宿主，而只有針對那門技藝精鍊不斷、刻苦修為的人，才能夠讓這門功夫的神韻——「道」——入住。

明　杰：原來如此啊！

游教練：說是入住也不對，應該是說寄居。一旦斷了持續的練習或是背離了法則，這門功夫的神韻會離去，於是你就會看見一個有招無勢、徒具其表的空架子。

明　杰：所以這就是為什麼真正的大師都不顯擺，每天忙著鍛鍊自己的功夫都沒時間了，哪來時間跟別人比試？

卓師父：（笑咪咪地喝了一口茶）對啊！勝人者有力，自勝者強！

明　杰：原來所有的功夫都來自於苦練啊！天下真是沒有白吃的午餐！

卓師父：唉呀不要說苦練，一件事你真的愛做，你可以一直做，沒人看也做，沒錢賺也做，真的愛，哪裡會苦？相反地，做你不愛的才苦！

明　杰：可是很多人都不知道自己愛什麼啊！

卓師父：所以說世上苦人多！要明白「功夫」，要臻至「化境」，需要先弄懂自己是什麼、要什麼。不然就容易流於虎頭蛇尾、三心二意。自己愛的事，苦也不苦；參不透自己的，就會像無頭蒼蠅一樣到處亂撞，那才真是自找苦吃。

＊＊＊

這場對話相當精采，藉由你身邊活生生的人來闡述「如何成為人生勝利組」的觀念，其實更適合。人們可以看得見他們的成績，這是落地的實證。

這些我的師父們，每一個人的人生都是傳奇。我從他們身上學習和領悟了許多的智慧。

他提到了「道」。你讀過老子的《道德經》，你怎麼解釋「道」這個字？

我的天！這個字是所有中文字裡面含意最精深博大的一個字，解釋起來這本書就寫完了！

我知道這些年你博覽群書，就你所知道的部分，「道」是什麼？

孕育一切又化生萬物的那個說不清楚的東西，是讓一切萬有遵循著規律，又相互調和，既相生相剋又不生不滅的……

那個說不清楚的東西。

確實說不清楚啊！所以老子才會說「吾不知其名，字之曰道」。

其實說不清楚也沒有關係，反正天地都擺在那裡，只要活上一陣子的人都可以看得明白。

明白什麼？《道德經》嗎？還是悟透天機？

陰陽、天地、強弱、是非、善惡……任何人都能觀察到，世間有這些相對的力量存在。事實上，從這些可以眼見的現象中進行抽絲剝繭，就可以進入「道」的殿堂。只是多數人習以為常，視而不見，理所當然。

這多少需要一些觀察力和悟性，本來就不是任何忙碌於柴米油鹽的人會去精思的。

所以朱熹才會提出「格物致知」，提醒有心求得宇宙大道與真知的人去「格物」。

可偏偏朱熹那個老八股，他那個方法不管用，王守仁格了七天七夜的竹子，也沒格出點什麼來，還把自己弄得傷風了。

對很多的人來說，「理通」還是必要的。理學有它的作用在，至少它開了思考之風氣。王守仁格竹子沒格出什麼，也只能說他當時的資質還不到。任何事情都講一個時機。

但是理學也禁錮了思考的可能性。開了一道門，卻進入一個連窗戶都沒有的房間，還不把人給悶壞嗎？看看當年理學被朝廷奉若神明後，多少人將朱熹的學說生吞活剝，思想上住進一個個的象牙塔，只求仕途順利，卻是心口不一、陽奉陰違，滿口仁義道德，實則楊朱利己。對那個時代來說，理學造成的蠹害，直接拉低明帝國在歷史裡的進程。

那是一門「學說」，自古以來「學說」就是一門學問，是否與周遭貼切適用，並不是主要的考量，他們要的是一套形式標準。

這套標準不只禁錮了思想與心靈，讓人變得僵化，也讓社會的活力走向衰敗。這正是「一言喪邦」在歷史上的明證。這說明了形式邏輯有致命的謬誤。

這個致命的謬誤不在理學，而在人心。不能全盤否認理學，在人類大歷史的進展中，發展到什麼程度、該出現怎樣的學問，都不是偶然的。理學開啟了中國思想哲學，也讓後面的諸多思想家有了思辨的基礎。從這個角度來看，理學在歷史上的地位不可抹滅。學問說穿了只是經驗的累積與延伸。

反正我對什麼「去人欲、存天理」、「餓死事小、失節事大」之類的教條極度之反感。

任何學說與觀念都不能走向極端，一旦走向極端，就會失去彈性，成為災難。「去人欲、存天理」，只是當時的人對理學實行不理性的極端推演，合於學說，卻悖離人性與常理。

理推到極致，便是無理，這點倒是很符合《道德經》上的陰陽之說。

是你又回到《道德經》上了！「人生勝利組」的功夫之道，就在這本幾千年以前的著作。

其實我並不確定，是否要討論如此宏觀的事情，我不確定自己準備好了沒。對於東方哲學，我敬畏它，但是我也承認，我在應用這些哲學上面仍是生手。畢竟幾千年前的智慧要放到現在使用，是需要一些體悟的過程。

你不就正在這個過程裡嗎？

我不知道你打算跟我討論東方哲學……對我自己和許多人來說，似乎著重在自身的提升與改善，是更為迫切的……

是的，透過我們的對話，讀者將能夠掌握成為「功夫高手」——也就是「人生勝利組」的具體操作方法。我們也將要開始創造證據。在變成高手之前，還有一些事情要做……

好的。

⊙我是誰？

你還記得教練說什麼嗎？

我記得最後他說：要弄懂自己是什麼、要什麼。

是的！你是否知道，在你出生的那一天，你是誰？

我只知道我是一個肉身實體，一個存有，但我並不確實知道「我是誰」。或者應該說，「我」還沒有「被」定義。

你難道不是你的名字嗎？

我是有名字，但那對「我」完全不具任何意義，名字只是個標籤罷了。

是的。你的理解是正確的，你並不是你的名字，也沒有任何標籤可以定義你，除了你自己。

但當時的我並不知道怎麼做，甚至，我連自己是什麼都不知道。

於是歲月介入了、父母介入了，在他們的影響之下，你漸漸地具有了「我」意識。你知道你的名字，你知道你的爸媽，你還知道注音符號與紅橙黃綠。但這些「知道」能夠定義你嗎？

不！知識並不能定義我。

很好！所以包括你日後逐漸長大的日子裡，腦袋裡又增加了許多與周遭世界有關的知識與常識，這些也都和「真實的你」無關。

我不是我的認知，我也不是我看見的與讀到的。

那麼你是你的身高、樣貌、個性嗎？這些能夠定義你或代表你嗎？

不！這些都不能定義我或代表我。

那你到底是誰？

在那個什麼都不能定義我、代表我的狀態下，我其實有無限的可能。我不是誰，但也可以是任何可能性。當一個人認知到自己「什麼都不是」，就見證了「空性」，而空性就可以生出萬有，創生一切的可能！

我賜與了生命無限的潛能，任何一個人只要認知到這份潛能的存在，都可以創造一切他所渴望的。一顆種子只要仍是活的，不論被埋藏在多深的地底，只要條件許可，就一定會發芽。

我相信這件事，充分相信。因為在這一點上，我自己就是一個明證。

很好，所以我們不需要再討論「是否具有改造命運的潛能」這樣的事，我們可以直接探討，如何開啟靈性潛能的「功夫之道」。

天啊！我好興奮。我已經操練這個能力三十年，跌跌撞撞，現在要獲得由神親自傳授的課程。

嚴格來說是五十年，這些對你來說，都是訓練的階段，如果你不具備這些基礎，也不會有足夠的領悟力接受我的訊息。

我可是花了五十年的歲月啊！但我想，讀者們如果也需要花這麼漫長的時間，很多人會打退堂鼓的。

他們可以速成，但你不會。你們的功能與任務不同。一個決定要作為引領眾人、解開迷茫的靈魂，自然是要花多一些時間進行訓練。你的這一生到目前為止，都是訓練課程，其他人也是，只是訓練的項目不同。

所以「人生是一所學校」說得真是不錯。

是不是學校要看學生受不受教。對不受教的學生來說，學校不是學校，只是另一個擺爛、耍渾的地方。

哈哈！

你在笑什麼？

我只是想起我自己，也曾經是那個擺爛、耍渾，不受教的學生。

要我說，那是你在嘗試著探索，哪一條路不適合你，你只是花了比較久的時間。嘗試與探索也是包括在訓練的課程中。

我確實花了相當長的時間在嘗試與探索。我以為我的人生將因此而虛度。

沒有人一生中有一秒鐘虛度，我敢說你每一秒都用掉了！所有曾經的發生和出現，都是必要的，也都是必然的，都有其原因，也都帶來結果。而具有足夠心靈敏銳度的人就會明白這一點——沒有無用的經歷和白費的事。

是的，但是對那些年事已高的人來說，晚年才體悟到這一點，是不是有點太遲？

這個宇宙中沒有錯誤，一切的出現和發生都恰如其分、恰到好處，而且不偏不倚地正對著每一個人要走的道路。那些晚年才體悟的人，其實並不晚，因為他們最後也總會到站。

你不能因為自己搭上了高鐵，就羨慕嫉妒坐飛機的人，或是看不上那些搭乘火車的人。在宇宙中，那超越光速的意識領域中，絕對的速度並不存在，每一個人都可以用各自決定的速度前進，沒有快慢的問題。在這一點上，你們和歷史上所有的聖賢或偉人相同。

所以，一切的發生都是必然的，也都是恰當的。一切都是最好的安排，因為是自己的決定。

好，我不會再問「那些悲慘的遭遇也是自己的決定嗎？」這樣的問題。我知道我們曾經在前幾集討論過。

事實上是第一冊。

好的。所以我們在確實知道自己有無限的潛能之後，又該如何做？

定義你自己。在這許多無限可能的自己當中，去找出一個定位。例如你要成為一個什麼樣的人。

這不就是我們從小都會寫的作文題目「我的志願」嗎？

是的！但我跟你保證，許多人一生都沒有志願，過得迷迷糊糊、渾渾噩噩，或是只有過短暫的「念頭志願」，隨即就三分鐘熱度地消褪，真正立志而且付出行動並持續的，少之又少。

我的經驗告訴我，有許多人確實有立志，也努力了幾十年，卻功敗垂成。難道他們立的志不是對的嗎？為什麼他們得不到他們要的？

他們是極為稀有的，如果他們仍堅持到最後一刻，沒有放棄自己的志向，則這一生累積的資糧會變成宿慧，帶到來生使用。

因為有「宿慧」，所以有些人學很多東西就能夠「速會」對吧？

你可以這麼說。所以，每一個靈魂在其生命的道途中，其實都在各自登山、各自努力、各自休息，沒有什麼好攀比的。

今天在這裡說出來，希望讓人們因為比較、計較，而出現的各種羡慕嫉妒等紛擾和內心的懊糟可以平息。

⊙「業力」即「潛能」

果然生命是不公平的。

基於每一個人各自靈魂的選擇和頭腦的自由意志，發展出各自的屬性和思想，自然是無法相比，也不會是「齊頭式的公平」。畢竟每一個人累生的資糧和選擇都不會相同。

我能理解。但對於有些人一出生就已經踩在「人生勝利組」的制高點上，我仍然是有不平的。

在這一點上，依舊符合我剛剛說的「人生不是齊頭式公平」的說法。但公平的是：我給每一個人都安置了「內在心靈的潛能」。

所有神能做的，都是必須用心靈之眼才能看見的，我將那不可描述而且力量強大的潛能，安置在每一個出身或高或低的人心中。

你會看到有人出身不低，卻把一手好牌打爛了；也會看到有人出身低微，卻可以左右逢源、貴人不斷。不論出身的高低，都很公平地擁有這樣的潛能，至於如何應用各自身上的潛能，那就是自由意志決定了。

但那些擁有「宿慧」的人的潛能，應該大過許多人吧？他們獲得人生成就的機會，應該也比較大吧？

我不否認這樣的事。但他們的「宿慧」是怎麼來的？難道不是他們「累生累世中」運用他們的潛能積攢來的嗎？潛能之所以稱之為潛能，不是因為它潛藏著，讓肉眼不可見，而是因為它可以在你每一生結束之後被打包帶走。

我以為會帶走的只有業力。

很抱歉！業力即是潛能。這是兩個被各自誤解的名詞，但其實是同一件事。

你一定是在開玩笑。業力是業力，潛能是潛能，怎麼會是同一件事？

如果沒有那樣的「業」，你又要如何去發揮那樣的「能」？你必須要擁有一個工具，才能把某件事做好。而「擁有」即是「業」本身，當一個人帶著「業」，也就是工具，那可以是一個創造或破壞的工具。

用得「得當」，「業」成為潛能和宿慧，助人加速開創全新的生命。用得「不當」，「業」成為枷鎖，困住一個新生命的發展。但即便是一個不當使用「業」的人，也具有足夠扭轉「業力」的潛能。

所以，讓人們可以成就和毀滅的，都是同一個力量？

是的！創造和毀滅是同一股力量。

難怪你之前會說，很多人都誤用了他們的人生……

你現在終於明白了！

所以佛家一天到晚說要「了業」，就是要我們放下「擁有的」宿慧，甚至是潛能。

在那至高、絕對的層級，你不會有「工具」的需求，因為所有的潛能都成為當下的顯現。但在人間，「業」是必須存在的，否則人將無以藉此創造，所謂「無業不生娑婆」，但佛家對「業」的解釋傾向負面。

在多維度的宇宙，並不是只有那至高、絕對的層級。每個來到世間的靈魂都帶著「業」，也必須有「業」。佛家提出「了業」的概念，只是提出一個對至高絕對層級的願景，引領人們去修練。但實際上，一個人活在世間要「了業」是不可能的。直到他蛻下肉身。

蛻下肉身就可以「了業」嗎？

那就要看那個靈魂願意怎麼選擇了。已無工具、已經「了業」的靈魂，可以選擇不再前來世間；手上仍有工具而且也有願力的人，也可以乘願再來。這一切都看各自靈魂對於自己擁有的資源和願力決定。

所以真的不是什麼，有個判官對著每一個靈魂進行審判，然後決定誰往何處投生……

我們很久以前就探討過這個問題，在這裡我們有其他的項目要進行。至少，你現在不應該把「業力」做負面的解讀，因為「業力」即為「潛能」。

分かりました！（我知道了）

還有一點，面對與心靈相關的事，用字遣詞必須精準。「業」和「潛能」儘管是相同的，卻是依著使用者的心念決定表現。當使用者帶著覺察，有意識地去使用，那「業」就是「潛能」；而當一個人庸庸碌碌、渾渾噩噩，就會受到「業」的制約。

所以這是為什麼「帶著高度覺察的意識」這麼重要，因為覺察可以幫助一個人發揮潛能！

正是！

關於覺察，我聽過多種的說法，過去從來沒有人告訴我「覺察可以讓潛能發揮」，直到你今天的說明。

所以你還會讓自己的意識昏沉、癡暗，繼續沉睡嗎？

除非我打算擁有一個黯淡的人生。不！我想我不會這麼做。

不能只有你，這個世界將要翻轉，你有責任喚醒其他人。

坦白說，按照我的「個性」，我並不想去喚醒誰。我並不是一個喜歡把別人都當成昏睡對象的人。但是我清楚我自己今生的天命，以及你現在這麼說的意思。我答應你！

要是你遇到沉睡不醒的人呢？

每個人都有各自的時間表，時間不到，不會醒覺。我不是救世主，我的學習讓我明白到，我只能喚醒那些「願意被喚醒」的。要是遇上那些依然沉睡的，那就讓他們繼續睡吧！時間總會到的。不是每一個人都需要救贖，我也不是對誰都有責任。

尊重他們的沉睡，幫他們蓋上被子，並且祝福他們，這是你能為他們做出的最好的事。當他們需要你的陪伴，那就表示即將醒來，你可以帶著溫柔的眼神和微笑與他們同行。

讓我們回到課程裡吧！現在我認識到「業」和「潛能」是同一件事，也知道了運用潛能的首要條件是覺察。你是不是能夠針對「覺察」進行一些教導呢？

我教過你了！在你曾經寫過的文章裡。你要不要讓大家看看？

我寫過很多篇，你說的是哪一篇？

最近的。

好。

⊙心靈重塑工程

覺知覺知，什麼是覺知？就是活得清清楚楚、明明白白。為什麼要覺知？因為這是你的人生，沒人能替。

你不覺知，難道要睡一輩子？渾渾噩噩過一生也不是不行，但你至少得清楚，是自己要做出這個選擇，而不是被命運逼的。

是有運氣這回事，但只有開始動的人，運氣才會發生。

覺知不是為了開悟，沒那麼高大上，只是為了讓你此生活個清楚明白，知道哪條路上有坑、哪條路上有錢，知道先邁出哪隻腳才不會踩屎。

覺知怎麼做？

就是對自己的裡裡外外所有一切都不再麻木。你對自己麻木不仁多久了？

開始吧！不是先去感覺，而是先去檢視。檢視你往昔發生的、出現的一切點點滴滴。

我知道很多你不願回想，但你仍然要，必須的！

然後在檢視中，用你的赤子之心、用你的良知去感覺，真實不逃避地深入去感覺。

徹底重溫、徹底經歷，不要管什麼避之唯恐不及的往日傷痕，也不要在乎二度傷害。你逃避這些沒過關的生命課題，生命就會在往後狠狠地鞭打你。

乖，別逃。該哭的痛快哭，該恨的使勁發洩（但不能傷害人）、該懊惱的狠狠地撞牆，該後悔的去找醫生拿後悔藥。但這個階段不該超過一天。

都看明白了，然後告訴自己：「這就是我的人生，不論好壞，我願意全然地接納！我將會帶著這一份明白，過每一分每一秒，對自己負起責任。因為我知道，我要改變這一切，將會很容易。」

恭喜，做出這個對宇宙的宣言，你日後都會活在覺知的狀態下。

就算因為習氣影響，也偏移不了太多。這個方法我自己從中受惠很大，希望對你也是。

＊＊＊

賓果！但我注意到你用的是「覺知」。應該要用「覺察」。我說過，用字必須精準。「知」和「察」的細膩程度不同。「覺察」的精細度要比「覺知」來得更加深入。

Yes! My God……

當一個人開始覺察，他就會用一顆明晰的心看世間、看周圍，他開始可以變得安靜。然後他開始會對於周圍的人、事、物，不再覺得理所當然。

「疑情」這時候會開始出現。他會自問：「我為什麼要這樣反應？」、「事情一定要這樣進行嗎？」、「有沒有更恰當、更能皆大歡喜的方式？」他的潛意識由於接收到表意識的「覺察指令」而開始敏銳地運轉起來。

當潛意識開始運轉，就會讓表意識進入另一種與過去迴然不同的表現方式。熟識的人會開始覺得他變了一個人，性格和說的話都怪怪的……

其實沒錯，裡面確實是變了一個人，只是外表還是一樣……

當一個人帶著「覺察」啟動「潛意識」，現在我們可以進行「心靈重塑工程」。

首先，如果想要一路順暢，我們要移除心靈道路上的絆腳石。當你終於覺察到你的人生路上有巨石擋道，你不會視而不見的。

好，那會是什麼？

原生家庭帶來的枷鎖。生命當中有許多的問題、困擾和阻礙，都是從這個階段開始。一個沒有覺察到這一點的人，終其一生都將活在心智的牢籠中，受到牽制。

一個人會有怎樣的人格、性情、習氣、態度、氣質，全都在成長時期被默默無聲地設定。而「家庭」就是目前多數人成長時期的環境。

父母的基因影響一個人的外貌或是身體；而心智的發展，則和成長環境與過程中出現的人、發生的事物有所關聯。這一切形成了一個人的「心智程式」。這個程式決定了一個人怎麼思考、怎麼反應、怎麼說話、怎麼行動。

當一個人有心要徹底地認識自己，在探索自己之前，從原生家庭上二代去尋溯，找出家庭成員的生命歷程中「重大變化與後續事件」的因果關係，就可以得知，自己所有一切思想、行為、性格乃至遭遇，是所為何來。

如果你聽說過「蝴蝶效應」，那麼你該知道，世間所有的事情都是環環相扣，沒有與其他一切無關的事。關於你自己至今的形成，嚴格來說，你的家族中沒有人是局外人，但是這個被整體形塑的你，卻又必須為自己的一切負起責任。

因此很多人遭受生命的重擊時，他們嚇傻了！在犯了錯或是遭受責備時，他們會哭喪著臉抱怨：「這又不是我的錯！」

是的！他們沒有說錯。在他身上許多的信念、性格、習氣與態度，甚至是行為模式，確實都是被外來植入的，都是被「外部環境」和「事件」不知不覺地塑造的。真的要導出原因，「起始因」確實不在自己身上，因為出生的時候，誰的心智都是一片空白。

人們被要求要為自己的人生和行為「負起責任」，但是對一個完全不明白自己「如何被形塑」的人，由於懵懵懂懂，很難真心實意、徹底接納、歡歡喜喜地去承擔自己這一生。

他們像是一個生命受害者，沒有主導權，也沒有主心骨，茫茫然然不知道自己真的是誰、活著為什麼？只能跟著眾人的隊伍，無知地前行，一切的承擔和責任都是被迫和勉強。這樣的人找不到生命的意義，也失去真實生命的光彩。

但只要他願意去探索，看見真相即解脫！得知真理就會自由！

我前半生都活在原生家庭帶來的捆綁之中。但我實在不想把「無法成為人生勝利組」歸咎於原生家庭……這很不負責任，畢竟我仍有自由意志，而且好手好腳。

確實是不應該。就像你上班遲到不能怪路上塞車一樣，但塞車確實成為你遲到的主因，如果你不想遲到，你可以選擇提早出門，「提早出門」就是移開導致上班遲到的絆腳石。那是一個簡單的解決辦法。

由於每一個人的心智程式多半形成於成長時期，不管你認不認同，十歲以前的成長經歷與被對待的印記，會形成一個人的內在性格和思維結構，影響一生。由於這些內在思維的形成和信念的變化過程，是在不知不覺中發生轉變，逐漸地形成了性格和習氣，發展出態度與行為。以致一生受其「心智程式」的影響。

你一定聽過一句話：「性格決定命運」就是這樣來的。

多數人都覺得「性格是可以自己決定」的，而「命運」是自己可以掌握的。

覺悟之前的性格是被外界決定的，覺悟之後則沒有性格。

覺悟之前受命運的箝制，覺悟之後則可以改造命運。

你是否知道《聖經》上說過一句話：「因為我所做的，我自己不明白；我所願意的，我並不做；我所恨惡的，我倒去做。」由於無明與慣性，很多人難以發現來自原生家庭的障礙與桎梏，對東方人來說還有「倫理」的制約，更別說去拆毀家庭枷鎖。

要你們當中許多思想傳統保守的人去追溯上一代，乃至上上一代的「因」所導致自己的某種「結果」，是要冒著大不諱的。

是啊！這聽起來像是歸咎。

找出原因是一回事，責難這個原因又是另一回事。往昔不可逆，但歸咎則不必，許多的人與事都有其成因。知道這些成因，就可以讓人有「原來如此」的恍然大悟，然後「接受」與「釋放」就會自然地出現。因為「看見真相即解脫」。

是的。然後就可以簡單的「認命」——**「認」識自己的由來，重新創造屬於自己的生「命」**。

所以，你「認命」了嗎？

我知道這些觀點已經很久，跟我決定要扭轉我自己的性格和命運一樣久。我像是個研究者一樣分析自己，拆解原生家庭，型塑自己的成因。只是後來這讓我覺得很蠢，原生家庭像是一個魔咒，掙不脫、甩不掉……老實說，我已經厭煩於再次的討論他們。

所以現在你不打算繼續進行？

我是說，我已經不打算再談我的家庭了，我之前已經談太多，也寫太多。

那麼你有答案了嗎？

除了接受，全然接受，我還能有什麼辦法？

聽起來你挺無奈的。

⊙此生的選擇

你知道嗎？我一直對於我的父母「異於常人」這件事，帶有探索的好奇心。一方面我想知道，我自己在他們的養育之下，是怎麼被變成後來的我；另一方面，我更想知道，他們一生之所以會過得那麼悲摧、那麼邊緣的真實原因。

你的父母之所以異於常人，只是因為他們生病了，而且自己並不知道，周圍的人也不曉得。

「生病」這是一個可以讓我稍微舒服一點的說法。

他們真的生病！這是他們此生的選擇。

可是偏偏他們的言談舉止又正常得很！應該是那顆「腦袋的邏輯」生病，那個「心靈的系統」生病。當我真的知道他們生的是什麼病，我整個人陷入深深地痛苦，我幾乎無法接受！

他們還是可以意識到自己和周圍的人不太一樣，也知道自己的人生一路上做了一些導致結果不太好的決定，但這些讓他們覺得丟臉的事，他們幾乎一概隱藏不談。

隨著我用偵探解謎一樣的心情，耗費多年的探索，發掘出的真相，讓我震撼吃驚。

我知道我的出身低端，但不知道這麼低；我知道他們很弱，但我不知道那麼弱！

你願意在這裡談談他們嗎？用你對他們最新的認識。

確實，是顛覆了我「以為」的最新認識。

以前我總為他們從不了解我而難過；現在我明白，他們其實是做不到的。

其實，我也不了解真實的他們。直到我鑽研心理學與精神醫學，拿著他們當研究對象，我才終於發現一個驚人的事實：對照他們倆的言行與過往歷史，我的父親是一種被通稱為「無良症」的「反社會型加邊緣性人格障礙」病患，而我的母親則是一個「焦慮型人格障礙」者。

有很多人格上有障礙的人，都仍然可以如常人一樣地說話與工作，因此他們二人都沒有病識感。

我把「病患」二字用在父親身上，是因為他的行為確實已經達到了病態的標準，這一生直到現在，都還在為自己和周圍的人挖坑，已經造成了周圍親友的許多損失。可以說，他此生所有與他接觸過的人，沒有一個有令人愉快的結局。

至於母親，除了嫁錯老公之外，她的焦慮型人格，讓她的一生都處在恐懼、擔憂、自卑、無知與無能當中；而與我父親的結合，更加重了她的這些症狀。在她的回憶當中，喜樂和彩色的部分屈指可數。

我的父親則是對於加諸於他人身上的傷害與損失，毫無愧疚，死不認錯！而且也沒有負責任的打算。

我本來是不想提這些家醜的……俗話說「家醜不外揚」，不是嗎？

如果你想停止，隨時可以。但我知道，這個議題對你影響太深，我們仍有得深入討論。

而事實上，有精神障礙的原生家庭可能比你以為的多。所以，你在此披露你家庭的隱私，並不是沒有意義，你可以幫助許多人，更完整、更清晰地認識他的「製造者」和所來之處，以便更加認識他自己。

從母親退休以來，我就一直承擔著照顧母親的所有責任，我就住在她的樓上，以便就近看顧照料。

真正讓我驚覺母親「不對勁」而開啟我的「研究」的，是有一天傍晚我回到家時，母親像個受了委屈的孩子一樣，雙眼噙著淚，用嘛起下唇、皺著眉的表情對我說：「我的畫不見了！我怎麼找都找不到！一定是被人偷走了！」

母親十年前退休後便加入教會，透過教會，她認識了一些喜歡畫畫的人，他們時常聚在一起，不討論《聖經》的時候，就拿著顏料塗塗抹抹。母親六十五歲退休，六十五歲透過教會才接觸了繪畫，自此之後就像是找到了天賦一般，一畫不可收拾。我給她的生活費，有好一大半都變成了畫具和顏料。

十年來陸陸續續畫了幾十張作品，都是臨摹的。一般人學畫是從臨摹開始，老人家學畫也一樣，只是，一般人臨摹到後來技巧純熟，會開始畫些自創的主題，老人家純粹只是興趣，就一直臨摹下去。

可是要說臨摹臨到讓人眼睛一亮，也是一種天賦。我的母親沒有受過正規的美術教育，就是跟在一些懂畫的人身邊看著聽著，回家拿出顏料、拿起畫筆就畫了起來。就這樣隨意地開始，簡單的畫具，還真給她畫出幾張連我都驚呆的作品。

這些作品，她在完成之後都會拿去裱框，再用氣泡紙小心地包裝好，讓我拿去倉庫存放。他總不忘叮囑我：「要記得媽畫了幾張，我有一天一定要開個畫展。」這下可好！畫展還沒開，畫先丟了！

我剛進門，他就苦著臉，一口咬定畫是被偷的。我心裡想的是：「這個社區雖然說物業管理讓人多有抱怨之處，倒還沒聽說有宵小竊盜之類的事情發生。」我檢查門鎖，沒有被撬動的痕跡；檢查屋裡的財物，也沒有短少的跡象。

我心裡的想法是：「肯定是被妳收到哪去，只是妳忘記了！」但是母親已經發慌到歇斯底里的狀態，陷溺在自己的「以為」中，仍然堅持畫是被偷走的，完全無法理解我的分析，也不接受任何可能性。活生生就是一個像丟了心愛洋娃娃、傷心至極的小女孩那樣的「張」（台語，鬧彆扭與耍賴之意）。我只好請怡婷下樓來一起安撫她。

這個時候的母親，像是一個只認兒子的人，對於我要聯絡怡婷下來，表現得很驚恐：「不要把事情鬧大，我不想讓她以為我是在懷疑她……你找她下來，這樣我很尷尬……」母親會這麼說，是因為母親屋子的鑰匙，我和怡婷各有一份。

想必，丟了東西、慌了心神的母親，已經開始懷疑所有持有鑰匙的人。當然，也包括我，只是我是供養他生活的人，是兒子，她不會明著懷疑我，但是對母親來說，怡婷是「外人」，在母親頭腦簡單的邏輯裡，怡婷被她懷疑就很合理了。

我啼笑皆非：「妳的畫只有在妳眼中有價值，誰要偷？而且我的工作室就在你屋裡，裡頭的黃金應該會成為小偷的第一目標吧?!小偷不一定知道妳的畫的價值，但一定知道黃金的價值。」這話其實挺傷人，但我實在是別無選擇，只能用重話讓她清醒。

我發現我無法和母親說理，只好逕自請怡婷下樓。怡婷下樓來，聽明白整件事之後，也認同我的說法，並且委婉地勸慰母親，同時我們倆開始動手幫他找尋。

我把所有可能藏放的角落和櫥櫃都找了一遍，沒找著。我告訴母親，如果不在家裡，一定在倉庫，我明早去一趟倉庫看看，就能找著了。其實我也真是累了，只想趕快休息。母親聽了我的話，也能理解我說的，終於不再「張」，便洗漱睡覺去了。但我可以知道，嚴重焦慮又執著心超重的她，是不可能一夜好眠的。

隔天我帶著美工刀來到了倉庫，見到櫃子上一落落包裹整齊的氣泡紙，我知道裡面都是她的畫作，於是一落落都拿下來，割開氣泡紙，看看是不是她描述的那兩張，發現不是又放回去……就這樣重複了幾十次，弄到我都有點火了！「為了妳不知道自己放到哪去，我要浪費時間在這不通風的倉庫裡，只為找尋那兩幅畫！」

最後還是沒找到，我陷入極度的沮喪。我沮喪的不是可能會找不到那兩幅畫，我沮喪的是：面對這樣小的一件事，我的母親卻是用這樣大的情緒張力以及無知幼稚的態度在處理。

在她的世界裡，這些畫很重要。因為她的一生都過得卑微渺小，難得有被人肯定的能力。因此她很看重。

她的畫確實很好，他應該是屬於「高功能」的焦慮型人格障礙。一個半路出家的臨摹者，居然可以畫出極為細膩精緻的神韻和動感……我只能感到驚嘆！

那確實是她的天賦，與生俱來。只是她必須要到晚年，等到了你這個兒子給她平靜的生活，才能發揮。

你看她如此地看重自己的作品，可見即便是一個有著焦慮型人格障礙的人，也有著渴望有所產出，而且有被看重的需求。

是的，她儘管在精神中是活在「把自己包起來」的世界裡面，但是作為一個母親，我從來不曾懷疑過她的愛。我在去年生日的時候寫下一篇「生日感言」，文中描述了我的家庭背景，也談到了我的母親。

我記得那一篇文章，你在那篇文章中，幾乎把你的家底都交待了！在臉書不少人看過之後，都表示很感動，很值得放到書裡來，作為你生命的紀錄。

好的！

⊙生日談父母

以新曆算，今天我滿四十九歲。如果用農曆的話，是辛亥年的臘月，正好是豬尾巴，今年已經五十了。十年前還住在山上時，四十歲的生日那天，來了二、三十個人為我慶生，那天氣候正好，陽光灑在山巒上的綠樹，映著每一個人帶著笑意的祝福，我深深地記下了那一幕。

往後的這十年間，歲月又增長了一些智慧，我越發地覺得，「慶生」這件事是一件無需為之的事。應該是已經過了那充滿對世界探索與好奇的年紀，漸漸明白了那些生命的溝壑、高山與河海，體悟了更深刻的江湖水深與人世冷暖，還有那一點點對宇宙大道的瞥見。

生命本身是中性的，生命事件的發生既無需悲，也無需喜，如同雁過寒潭，轉瞬即逝，不留痕跡。存在也只是在出現的當下真實。一旦「過去」，便永遠過去，不復尋覓。

我在這個世界，已經活過了半個世紀，五十年的歲月，能重拾的也只有斷簡殘篇，記憶像是被塗抹了一層灰，這灰，夾雜著歲月的塵埃，還有刻意為之的灑落，深怕一個不小心，撥開灰塵，就怵目驚心地看見不堪回首的來時路。

嚴格來說，我家族背景不錯，祖父是大稻埕裡家底殷實的商人，有兩房妻子。這在那個年代是司空見慣，甚至是身分地位的表徵，就像是現代人出門開雙B一樣。但是和雙B保養起來需要格外投入金錢與心力一樣，要維持兩房談何容易？

祖父是個努力又誠信的商人，在地方上很得敬重。那是一個徹底奉行「男主外、女主內」的年代，男人在外頭認真打拚經濟，女人就是在家操持家務、照顧小孩，至於教育，就交給學校的「先生」，也就是老師。

如此各司其職很好，但現實往往不如理想。祖母是大房，雖是過繼的養女，也是在大戶人家長大的女孩。那個年代不流行自由戀愛，往往由媒人撮合，見門當戶對就可以結成親家。至於性格是否適合？秉性是否溫和？是不在考慮範圍內的。

在祖父年輕時那個年代，人們普遍不離婚的，所有婚後的扞格與磨合，都會在歲月中逐漸消褪。

祖母不識字，也不是一個賢良的妻子，甚至也不懂得照顧子女。父親回憶童年時肚子餓去向母親索討食物，祖母回答：「去吃屎！」

祖父一頭忙於生意，對於家務有心無力，見祖母不賢，便再娶。祖母將心中的不滿化成敵意，對自己親生的子女發洩。父親的大哥更為叛逆，仗著自己長子的身分，揮金如土，對待兄弟姊妹動輒打罵。

父親曾經因為看不慣大伯拿刀插在櫃台、向祖父耍流氓要錢，出言頂撞而被大伯拿斧頭在街上追殺。這件事對父親形成一生重大的陰影。

這是一個富有卻衝突不斷的家庭。

祖父的二房倒是一個溫良明理的女子，對於大房所生的子女，無差別地照顧疼愛，其中自然也包括我的父親。

可惜的是，祖父娶二房的時候，父親已經被自己的親生母親剝奪了感受愛與被愛的正常的童年。富裕的家境沒有使他快樂，相反地，他陷入更多的困惑。

在當時，這些疑問無人能解。一來他還小，不知道怎麼表達內心對母親、對父親、對家庭和對自己遭遇的感受。二來，保守的年代向來是不對小孩談關於長輩與家務的事。「小孩子有耳無嘴」，是那個年代小孩常聽到的話，這話是一種訓斥，也阻斷了「知」的權力，好奇心於是逐漸死亡。

但是問題仍在父親身上發酵。在被剝奪了愛與被愛的童年後，他滿腹疑問，不快樂地長大，面對二媽的溫柔照顧，他堅定地抗拒。這樣的固執像是一種用行為對家庭發出的抗議，只是當時偌大的家庭，沒有人在乎，也沒有人理會他的抗議。

就這樣，他茫茫渺渺、不知所以地度過了青春期，性格已扭曲變形，而且堅固不移。

他生病了，用現代的精神醫學鑑定評量，是屬於「反社會型＋邊緣性人格障礙者」，但他自己不知道，周圍也沒人知道。六、七十年前，哪有什麼心理醫師？縱使有，在父親自視甚高的眼中，也沒人可以解開他的心中結。父親和他原生家庭的結，後來變成一個拳頭。

他握著拳，下定決心要離開這個烏煙瘴氣的家。母親便在這樣的情況下嫁給父親。母親在與他結婚後幾年，發現他似乎有心理性的疾病，曾為他預約心理醫師，他從頭到尾一言不發，無論醫師怎麼誘導，他就是保持緘默，連精神醫師都束手無策。

母親是外省人，外祖母是滿人，是落難的皇宮貴族，清帝溥儀遜位後，時局紛亂，滿人從貴族變為「韃虜」，沒有人敢自承滿人，因為人人皆曰可殺。

外祖母拿著假日本護照，幾經輾轉波折來到台灣，洗盡鉛華、落地生根，胡亂嫁了一個福州來的剃頭師父，只求在台灣落地為戶，絕口不提往事。當時，台灣還是日治大正時期。

外祖母是一個皇宮貴族，受過高等教育，不但讀書識字，還被日本政府聘請去教日本人中文，這導致了外祖母想要融入台灣生活的距離更遙遠，因為飽受日本人統治之苦的台灣人，是把外祖母視為和日本人同一邊的。

這樣的經驗，讓外祖母心中產生「知識誤我」、「學太多不好」的偏差，這樣的想法影響了母親。母親除了後來在繪畫上表現出天賦，過去五十年，對於書本的知識、生活的常識和話語之間的邏輯，呈現驚人的低落。簡單地說，她對這個世界的理解力、學習力和邏輯能力大有問題。

我的母親在童年時，曾經在舊箱子中發現幾本中國經典文學名著，儘管不懂，也饒富趣味地翻著時，被外祖母一把抽了回來說道：「這些東西不好，別看！」這是母親第一次被剝奪學習的機會。

其實一開始母親資質不差，國中畢業後考上了「台灣省立台北商業學校」，也就是現在的「國立台北商業大學」。但是在當時重男輕女的觀念下，當家庭有難，第一個被犧牲前途的往往是女孩。母親就在外祖父往生之後，無法繼續就讀而在家幫忙理髮，一直維持著國中的學歷。一個是對原生家庭滿腹憤恨、只想出走的年輕人，一個是單蠢得不識人心與世界的女子，就這樣結合了，登對得教人悲傷。

當時的兩人都不知道，自己和對方都各自帶有精神性的障礙。生在戰後的嬰兒潮，面對著新舊世界交替，有著未知的焦慮；而舊社會的制約即將走入歷史，卻仍然在家庭中發揮效力，這更讓許多人惶惑不安。

也許，在那個時代有更多的人，有著自己都不知道的精神障礙。

怎麼說，父親都還是個富貴家庭出身的人，有一種公子哥的傲慢與霸氣。在半個多世紀前，那還是一個「男人說了算」的年代，母親順從地嫁雞隨雞。可是在原生家庭受了氣的父親，走入社會並沒有受到太多的磨練，由於心態上的不平衡、不健全，加上先天的優越感或是自卑感，他忍受不了「吃人頭路」一副低聲下氣、矮人一截的模樣，他想當老闆，像他的父親一樣運籌帷幄、指揮若定。

在這種心態的影響下，他往往上班一兩個月就要辭職。用現在的話說就是「公子病、巨嬰」。可是對一個太太已經有身孕的男人來說，養不起家是很丟人的，於是父親為了生存也為了面子，硬著頭皮去考「海事員」，開啟了他為時不長的船員生涯。

我出生之後沒多久，父親就開始跑船，海上的生活想必是很辛苦的，但這個部分的記憶，應該是父親此生唯一享有自由與浪漫的彩色歲月。

三歲以前的我，記憶中是沒有父親的，畫面是黑白的，不大的陰暗屋室中，簡陋的桌椅和床，地板是泥土，空氣中充滿霉味，那是一個放置中藥的倉庫。母親總是愁容與啜泣。那個時期母親開始抽菸，菸味對我，於是成了童年的記憶，這也形成往後我三十多年的菸癮。

或許是父親吃不了船員的苦，於是決定在跑船兩年後上岸。這時候正是台灣經濟起飛的前期，年輕人無不摩拳擦掌，準備大顯身手，父親踩在這班戰後台灣經濟起飛的前期創業，無疑是占盡了時機。

可惜的是，由於童年印記影響的心理性格，加上他沒有太多陸地上的社會經驗，屢屢挫敗。

我出生以前，他曾與幾個朋友合夥做生意，但都是不歡而散。當時他的反社會人格障礙並不明顯，可由於前期挫敗的關係，他後來對於人脈的建立，有著高度的興趣和主動性，和過去的孤高傲慢大相逕庭。我猜想，這是他的反社會人格開始朝向另一面的作用。只是，他對於「人性」的認識實在太淺，這導致在選擇朋友和合作對象這件事上，有著識人不明和一廂情願的傾向。

這個時期的他知道，他需要人脈與資金，對願意給予意見和幫助的人，總是言聽計從。他對外開始會刻意地表現良好的形象和溫和謙虛，但是他對家人卻是蠻橫跋扈、毫無關愛。

他任何的決定都自以為是，獨裁專斷、一意孤行，而且心中完全沒有顧慮到他人。這樣的性格直到他今年已經七十五歲，為自己也為周圍認識的人挖過無數的坑。

父親其實是有天賦的，他對機械的結構有著無師自通的天賦。當時他用與生俱來的機械天賦製造代工機械，為直到現在仍是羽球大廠的公司代工生產羽毛球頭；由於市場看好，代工的訂單不斷，我們原來居住的倉庫已經不敷使用，於是搬到當時仍是郊區的木柵，就在新店溪旁的木新路，開始他即將起飛的事業。我則就近開始我的小學生涯。

我的童年是陰暗的、灰黑的，母親對我的照料僅止於生理需求上，超出這個範圍的，她不懂，也不會。我頭一次發現我和她的對話「答非所問」，就是在小學之前。她像是活在自己的泡泡裡，無法理解別人的話語，或是會用很怪異奇特的方式去解讀。除此，面對父親的暴力陰影，她和我一樣無力，束手無策。

男生沒有不調皮的，我又是特別皮的那種，因為我的好奇心重，什麼都想探索，什麼都想知道，自然難免為了「知道」而闖出一些他們眼中的「禍事」。那個年代沒有不打小孩的，我當然也怕被打，但是我天生叛逆，你越打我，我越要刻意氣你。

父親在家中，與其說是至高無上的王者，更像是蠻橫無理的暴君。如果他說黑板是白的，你不能說是黑的。家中所有的意見都要以他的意見為主，不然就會有暴力事件發生。

我的叛逆，起自於一開始父親因為情緒不佳的關係無故打我，完全不分青紅皂白地鞭打。我的母親沒有扮演慈母護子的角色，她躲在一旁，直到父親宣洩完他的情緒之後，才來為我敷藥療傷。可是這個傷我一直帶著，至今沒好。

在父親的觀念中，他的大哥就是被他的祖父過度寵愛，才會驕縱而行為偏差。因此他認為，自己生的這個兒子絕對不能寵，從小就要打，打才會乖。

這個很病態又扭曲的信念，讓我的童年，在他創業的過程中，陪伴著鞭打哭喊聲長大。反社會人格障礙的父親打起小孩無情冷血，一次一次達到了虐待的程度。好多次我被打到奄奄一息，卻又奇蹟似地醒來，只能說是我命硬。

父親偶然結識了一位某女中的美術老師，這位頭髮灰白的美術老師，向父親遊說，前去苗栗擴大廠房，並說他來處理廠房的取得，父親負責生產設備，兩人合作共謀其利，董事長就讓父親來當。

話說得美好，急於出人頭地、活出個樣子的父親和他一拍即合，好大喜功又要面子的父親不疑有他。不諳人性的父親哪裡會想到，這樣的「餡餅」是不會從天上掉下來的！如果有這樣的好事，也多半是包藏禍心，但被身分地位沖昏頭的父親，沒有防人之心。

嫁雞隨雞的母親儘管對父親言聽計從，但女人畢竟還是多份心眼的，於是對父親說出了憂慮。母親的勸告被父親當面駁斥，把母親羞辱了一頓，說母親愛當「預言家」。沒想到母親的預言很快應驗了。

果不其然，遷廠到苗栗不到兩年，這位總經理有一晚終於向父親攤牌，說他以總經理的身分開出數千萬「董事長」名義支票，要父親兌現。（父親基於信任，一開始就把支票和印章都交給他，竟然傻成這樣！）父親驚覺上當時已經太遲。董事長的金身當沒多久，就連夜帶著妻小和簡單的家當，倉皇逃離苗栗。

搞了兩年，到頭來父親成了為人作嫁的人頭。終究還是吃了自以為是、不識人心險惡的虧。

攤牌的當晚，「總經理」對母親語氣輕佻，百般羞辱，我看見「總經理」對母親的態度，衝上前去，以小小年紀瘦弱的身軀和「總經理」開打，他可沒當我是小孩子，扁起我來毫不留情。

父親回來後，「總經理」惡人先告狀，父親知道我居然對「總經理」動粗，不問緣由，又再接著打我一頓。那一晚我被兩個成年男子橫加爆打，九歲的我只剩出氣、沒有進氣。要不是我天生有看見另一個世界的能力，那裡的朋友出手相救，我就不能甦醒，然後順利長大。

對於靈界，我始終視他們為善，關鍵時刻他們都會給予我幫助，這一次他們救了我的命。

我在來不及向學校辦理轉學，並和老師、同學告別的情況下，被父親連夜帶走，開始跑路，沿路躲藏。這導致了我三年級下學期的學習完全空白。

當時的我「被」寄宿在父親高雄的一位同學家，那是我頭一次看到「別人」的父母是怎樣地照顧與愛護子女，對於自己的父母，我開始有了一些比較和疑惑。也因為這樣的關係，我很小的時候就懂得寄人籬下的悲涼感。

當時仍有票據法，父親被依法通緝逮捕，在祖父和父親眾多兄弟姊妹的金援之下，父親沒有在牢裡待太久，很快便出獄。

當然，這段坐牢的經驗，他是絕口不提的，只是包含這個和以後許多不光彩的事，我都會知道。

這些經歷表面上看來都是「外部的別人」造成，但沒有讓他開始反省自己的思想與作為，反而變成「都是別人的錯」、「世人欠我」這樣更加扭曲的心態，伴隨而來的是更變本加厲的自私自利，在欲海難填下，反社會與邊緣性人格具體地成型。

由於我也進入了青春期，與他更是勢同水火。我們視對方為讎寇。在我服兵役以前是個叛逆小子，時常挑釁這個對我從小沒有關愛、只有虐待的父親，當然他對我更是痛恨。我們深夜持刀對峙，弄得母親跪在兩個男人中間不停伏地跪拜，哭喊著停手。我們家是鄰居眼中的不定時炸彈，一個有精神病的家庭。

母親一生卑微、懦弱、怕事，這是原自她的原生家庭所導致。外省人裡弱勢的一群，活在台灣必須要低調、要退讓、要謙和，於是養成母親凡事息事寧人、粉飾太平的性格。在這過程中，一點一滴的委屈，其實都往自己的肚子裡吞，驚慌與焦慮匯聚成心靈裡不見天日的陰霾。

父親這一生，自視甚高又不識人心，剛愎自用又蠻橫跋扈。由於他並沒有為了生存而在創業前進入社會接受「團體」、「人際」與「商業」的磨練，於是一身稜角，行事為人只能由著自己的本性。這使得他的後半生做什麼都不成，不但一事無成，而且妻離子散。他出生在富貴家庭，但完全沒有學會賺錢的智慧、觀念和本事，這一生幾乎沒憑本事賺到什麼錢，即便有也不多，而且他自私地只顧自己，眼中完全沒有妻小與家人的概念。

儘管不菸、不酒、不賭，卻對女色不能把持。他在二十多年前，終於因為外遇不斷和母親離婚。離婚之後失去了母親的「苦命錢」，在往後的生活裡，他必須要用各種名目與花招弄錢，好讓自己生活能夠繼續，最常用的辦法就是「用感情蹭女人」。

他舌燦蓮花又相貌堂堂，一眼望去似是正人君子，但性格是自私自利的。凡是對他有好感的女人、親人，幾乎都成了金援他的對象。但他又傻，對那些別有居心，想坑他、吃他的人卻又不懂分辨，往往是被坑殺了還為對方數鈔票。

他的一生至今都沒有學會「記取教訓」這件事。是性格導致嗎？還是生病？

我的成長時期直到我退伍，家用幾乎都是來自母親，她用她不高的學歷和勤勞的奔波，在保險公司當「媽媽兵團」業務員，吃力辛苦地維持著家用開銷，還時不時地要張羅父親一心想當老闆、卻又不斷埋下的財務地雷。

我退伍後，他不許我外出工作，要我在家上班，他負責在家當「董事長」，對我這個唯一的員工發號施令，要我東奔西跑、替他開發著他那根本賣不出去的「產品」。

他完全不懂，也不敢面對財務的事，跑三點半或面對債主的事情，全部推給單純又無力的母親，以致母親為他背負大量債務。但是對此他從無愧疚。

我在退伍後一年的某日自問：「我是否值得把自己的未來押在這個父親身上？」答案很明顯。於是我隻身離家，開始我真正的社會闖蕩。當時的父親非常生氣，到處說我是個「撿角」的兒子。

當祖父往生，分家後留了一筆屬於父親的遺產，母親說：「我們買個房子吧！」父親的回答是：「這是我的錢，你女人家少管！」隔沒多久，就把外面的女人帶回家來，還要母親為她煮麵。這成了母親決定中止婚姻關係最後的一根稻草，只是也讓他拖了好幾年才簽字。

母親是一個重視婚姻且極為傳統的女人，即便自己的丈夫是這樣的德性，她依然用她的一雙手撐住這個家，照料子女；儘管她完全不懂得子女的心靈引導，也沒有心思這麼做，她依然是一位很努力想要扮演好母親角色的女人。我一點都不懷疑她的愛，雖然她也不敢為了保護我而違抗自己的丈夫。

這樣的出身背景已經先天不良，可是我又後天失調，在變動的成長過程中，是一個缺乏良師益友的人。我曾經埋怨過母親，在我的成長時期，沒有成為我人生的引導者，她回答：「為了生存，哪有餘裕？」其實我知道這只是一部分的事實，另一部分是她也不懂——這樣的老公讓他焦慮於生活和收入，怎可能花心思去懂一個屁孩？

但是我依然感佩她的堅忍與面對不堪的韌性。母親儘管懂得不多，常有雞同鴨講、引人詫異的想法言談，用現在的話講就是「很瞎」，但她的愛是我化成灰都不用懷疑的。如果沒有母親，我無法想像我會長大。如果我的長大是個奇蹟，我的母親就是這個奇蹟的第一個推手。

今天是我的生日，我選擇在今天，把自己成長過程中有關父母的一些實際情況說出來，不是為了要拉清單、算總帳，正好相反。

我的父母同年，都是屬狗，今年七十五了，說要改變什麼，也太遲了。生命會輪迴，但事件不可逆，我曾經為了自己被父親惡待而憤恨。

父親對原生家庭的「結」，一模一樣地複製到我的身上，我之所以決定不要生小孩，就是為了要讓這一切的錯誤都到我為止。因為我知道，我可能必須要用我半生乃至一生的時間，去療癒我的父親帶給我的傷痕和痛苦。

我希望他能看見這篇文，我希望我的療癒過程也會幫助我的父親看清楚自己，看清楚那些他知道無法自我原諒、無法自圓其說，但卻不敢面對的生命真實。然後在他離開這個世界之前，可以領悟一些東西，帶著學到的功課往下一世前進。

我曾經在許多的作品中談及父親，對父親帶給我傷痛的沉痾，我已經可以用一個像是局外人說故事一樣的態度放下，但我的成長乃至這一份領悟，是何其艱辛！

修練身心靈，讓我完全接受，父親這一生是按照他靈魂藍圖的腳本前進，也完全接受這樣的父親是我自己投生前的選擇。這一切必然有其美好而可取之處，理解了這一點，我可以對過往的一切全然釋懷。

如果我的父母此生靈魂的目的，就是讓自己演繹一個荒唐的生命戲碼，以便整出我這麼一個兒子，那我必須說，他們真是太稱職了！太了不起！因為沒有這樣歪七扭八的成長背景，還真出不了這樣的我。

我的父母都還建在，我知道他們會看見這篇文，儘管我可以用「家醜不外揚」隱惡揚善地在生日時說些場面話，但這不是我的本性，我選擇如實地把這些過往說出。

我想讓讀者知道，如果你選擇當一個父親或母親，你的一言一行和情緒，都在形塑你的子女，影響他們的一生。如果你選擇當一個父親或母親，請不要再讓錯誤繼續。

我們的社會是否祥和安定，取決於家庭環境是否健全、子女的心態是否健康。我曾經是一個差點誤入歧途的人，九死一生，最後被神從死亡之海撈回來的人，希望我的故事可以對世人有一些警示的幫助作用。

然後，謝謝大家用私訊、用留言給我的祝福！此生至今可以說是千瘡百孔，還能有大家的關注與愛，是我上輩子修來的福分，謝謝大家！

謝明杰

記於二〇二一年一月二十九日　農曆五十歲生日

⊙靈魂的設定

我應該說，你寫得很不錯。能夠以一個為人子的身分，卻不帶情緒地描述自己家族和父母的故事，是不容易的。特別是你已經知道，他們有著精神性的人格障礙。你這一路成長，吃苦的不只是你，他們其實也活在走不出的痛苦中。

特別是你的父親，他的一生都在尋求童年所沒有的母愛，這也是他為何總是往女人的身上尋找支持力量的主因。他的蠻橫跋扈底下，其實是一個很幼稚脆弱的男孩。

寫完這一篇之後，很奇妙地，過去對他們曾有的憤恨和埋怨，以及對於我原生家庭的自憐，就消失了大半！只是他們依舊和以前一樣，變的人是我。

我曾經祈禱他們可以恢復正常，但我知道，這個心願一點都不實際，畢竟他們已經七十五歲了，縱使調整回來，又能改變些什麼呢？就這樣吧！我已經接受了這個事實。

當他們讀到這些文字，就會有巨大的改變。尤其是你的父親，已經進入晚年的他，其實已經沒有以往的剛硬，他的心智與良知在歲月當中各種事件的打磨之下，也逐漸開竅。至少他開始會反省自我。至於認錯，他有他自己的一套認錯方式。

有，他確實有認錯。我來說說他怎麼認錯的。他說：「你現在會有這樣的改變和成績，我想一定是突變的吧！」我想他其實很清楚知道，自己給了我怎樣的成長環境和對待。如果今天我成為一個魯蛇或是混混、流氓，才會比較符合他給我的出身，才不算是「突變」。

我說了，他會有他獨特的道歉方式。但不一定會是你希望的那種。

坦白說，當下聽到時挺氣憤的，這說明他完全清楚當年對我做了什麼啊！但他竟然還是繼續著傷害的行為……

他確實是反省過的。現在你知道這是屬於他的愚癡和魯鈍，這也使他這一生吃足了苦頭。

一生自私自利只顧著讓自己舒服，結果，整輩子都在痛苦中度過。他的一生印證了「追求自私的快樂，會帶來人生的大痛苦」。

每一個人都有其必經的生命歷程，這樣的原生家庭也是你生命任務所必須的。在經歷之後，能夠心平氣和地談論，用夠高的格局去審視，摒棄掉情緒的部分，這意味著你情感表達的成熟。但是請容我告訴你，你會長大，確實是個奇蹟，除了你的母親，還有一路上許多有形與無形的幫助。這些都是在你的靈魂設定之內。

每個人的靈魂都會設定「幫助者」嗎？

是的。他們時常發出提醒，只是很多時候人們不夠敏感到去聆聽與感知。我們之前的對話曾經討論過這些，那些不夠敏感的人，只好順著自己預先設定好的人生劇本大綱，去演繹他的人生，而難以有跳躍性的突破與改變。就像是你的父母親。

也許「無形的看顧者」知道我受苦於原生家庭，於是他們一路上都有出手給了我提醒。也謝謝我自己對於直覺的信賴。

謝謝祢幫助我，不再用情緒的角度去看待我的家庭。也因為我脫離了情緒，才可以對原生家庭的遭遇超然以待，不然我一生都會為自己感到悲哀。

強調即是缺乏，你很快會拔除你內心的自卑、自憐和悲涼，其實你所感到悲哀的部分，正是你該感到慶幸的。

此話怎講？

如果沒有這樣的成長過程，你如何奮力掙脫泥沼，體悟出如現在這般超然的心境？有境才能修，立大願者必先承擔大苦。

我只能說，我很佩服我的靈魂當時選擇了這樣的生命藍圖。不過幸福是「比較」出來的，我後來得知更多人悲慘的生命故事，相較於他們，我的故事已經算是幸運。

只有勇敢的靈魂才會選擇艱難的人生戲碼。你要不要說說，你那超然的心境，最後是怎麼悟出來的？

首先，過去不可逆，我無法回到過去修補些什麼，也沒必要。我想，神之所以讓人無法回到過去，一定有他的美意。於是我開始去探索，我人生遭遇到這樣的家庭，在這當中，有什麼是我可取的、對我有幫助的好處？我發現，當一個人有心尋找「好處」，就真的會發現。我確實發現了這樣的家庭帶給我許多好處。

這樣起伏顛沛的成長過程，讓我在察言觀色上多了更細膩的洞察力，身經百戰也讓我的性格更勇敢；我很早就知道，我可以害怕，但不能逃避，因為也無處可躲，只能硬著頭皮呆呆向前衝。

在吃了方方面面帶來的苦，我對於受苦的人，有著更高的理解度和同理心，更能以自身為例，帶他們走出幽禁的心靈密室。

當你每一次成功地帶人走出心靈的痛苦，你都會感恩你的成長過程所帶給你的「職業養成」嗎？

不！我不會「感恩」。我寧可說，這讓我「知道」我這個能力的所來之處。

為什麼？「感恩」難道不是你學到的重要觀念嗎？

我沒有否認「感恩」的重要性，這是你曾教導我的。只是，那些傷害你的人，確實是造成了傷害，他們的「目的和初衷」，並不是為了「訓練你」變成如今這樣，你之所以會變得更強、更有力量，那是因為你自己的不放棄，以及學習力，和一點點的悟性。

真正成就自己的，是來自內在的力量，不是那些外在的傷害。「感謝傷害你的人」一點道理也沒有，只有矯情。

是否，只要「成就你」不是對方的初衷，而你最後卻成就了，你就可以不需要感謝？

不對，我說的是：「不用對加諸傷害在你身上的人表示感謝。」「謝謝你傷害我，讓我學習到……」這樣的感謝其實多半言不由衷。傷害就是傷害，我最大的善意就是放下、不記仇，但要感謝，真的太虛偽、太矯情。不過我也確實沒有否認，正是這樣的過程，鍛鍊出強韌的心靈能量。

其實，你說的是對的。「打不死你」的歷程就是在裝備你，使你更加堅強。至於那些過程當中的傷害，宇宙自會有平衡之道。

所有要在心靈的領域裡救苦的人，沒有自己先經歷那些千錘百鍊的苦楚，只能是瞎子領瞎子。

在你承受那麼多的苦、無奈、虐待與不堪之後，你如何脫離你對於原生家庭的情緒？

我領悟到，我改變不了他們，但是我可以改變我自己。

我唯一要做的就是：不再讓他們影響我的心靈與頭腦，在意識上保持覺察地和他們的情緒能量切割。

我不斷地告訴我自己：「你安全了！現在已經不是小時候，還像以前一樣的反應，或是還為以前的事情發怒，一點道理也沒有，你已經長大，現在你可以完全為自己的人生作主。一切的過去都像一縷輕煙飄散而去。為什麼要拿別人的錯誤來讓自己的心靈受罪？你不必活在他們的人生裡！更何況，現在並沒有人來阻止你創造你要的人生啊！」

你說的很好，確實，一個人不需要「回到過去修復些什麼」才能有好的未來。但你剛剛說的「別人」是什麼意思？儘管他們不好，難道他們不是你的家人嗎？

家人也是別人。只要你自己「身體以外」的人，不管他是誰，都叫「別人」。人與人之間的緊密度是看關係而非血緣。就算關係再親、感情再好，你吃他不會飽、你穿他也不會暖。如果不先把人我的分別搞清楚，永遠會涉入那「貌似應該，但其實不該涉入」的情緒糾葛。

畢竟，他們有他們自己的人生功課和業力，我不是生來要為他們背負責任的。至少，在身為人子的這一塊責任，我已經盡力做好了，而他們要為自己過去的選擇和當下的情緒負責。這和年紀無關，也和他們的身分角色無關，就算是父母也一樣。

聽起來你挺無情的。身為華人家庭的讀者聽到你這麼說，一定會有許多人不以為然。

不！那不叫無情，那是超然。那些批評的人，先經歷一次我經歷的，再發表評論吧！站著說話不腰疼，有本事，請穿上我的鞋走上三英里。

這是我所受的訓練，而且我做的正是我該做的。我奉養、照顧，但我不在情緒上受到他們的牽制、掌控、勒索，除了自己放下過去的一切之外，對眼下發生的，我也不受影響。

謝謝你的現身說法，讓讀者們可以移開自己和原生家庭的心靈枷鎖。對很多人來說，原生家庭的心靈枷鎖如果不是不知道、沒發覺，要不然就是羞於談論，和你一開始說的「家醜不外揚」是一樣的心態。

但是只要願意去面對、拆解，並且從中找出有利於自己、有效益的部分，任何人都能從中汲取專屬於自己的生命養分。因為原生家庭是自己來世上前選擇的，當時自己的那個小靈魂很清楚地知道，這次投生的意義和好處、資源和力量。每一個人的原生家庭都有之於自己無盡的寶藏可以取用，不管是有形的資產或是無形的心靈智慧。

那就是一個人的生命藍圖，對吧？

認識自己和自己的所來之處——原生家庭，只是展開生命藍圖捲軸的第一步。要讓這個生命可以光亮璀璨地走上「人生勝利組」還有好幾步。不要急，慢慢來，我的時間夠你用。

我說了我落落長的故事，那麼你在「認識原生家庭」這一塊，會建議讀者們怎麼做？

像你一樣寫下來，用一種說故事的方式去詮釋自己的家庭，用帶有高度的視角去全觀。人們或許做不到「客觀」，但是可以讓自己在平靜的狀態下去全觀整個局面，然後就會獲得超然的視角。我可以保證的是，任何人一旦開始整頓自己的內在，都可以獲得對自己原生家庭全新的認識與看見，也能因此找出屬於他自己的生命資源，這是「認識自己」很重要的一個部分。透過你的現身說法，我們結束了「原生家庭」這一課。

好的。我們要進入下一個階段了嗎？在認識了自己之後。

當你用上述的方法檢視過你自己的家庭，知道你受到怎樣的制約與捆綁，也知道自己的信念與性格是如何形成的，接下來要進行的就是「心靈重塑工程」的第二步——「認出資源」。

認出資源

——學習在哪裡，成就就在哪裡。

就在我進行這一段落的撰寫時，一封臉書私訊傳了進來。是一個想要對我求「人類符」的人，他對我敘述他看了《老神》的前幾冊，獲得很大的共鳴，也對我敘述了他身體的病痛。我花了一些時間安慰了他，又向他要了帳號，匯了一點錢給他，因為他告訴我他生活困難，連房租都繳不出來……

他的遭遇我幾乎都經歷過！我不知道是不是因為這樣的關係，我周圍時常會出現這樣的求助者……

這使你感到厭煩嗎？

厭煩倒是不會，但我有深深地無奈感，因為我深知他們的無助。我自己走過那一段窮困的苦日子，深知那種孤立無援、蒼茫遺世的感受，然後在生存的壓力步步進逼之下，真的會讓人產生自殺的念頭。

儘管我記錄下當時與你的對話，我們談論了關於如何脫貧的各種觀念與心法，書籍已經問世十多年，依然有人不得其法，依然有人困住……

一切都是最好的安排！他的出現正好開啟這個段落，我們所要討論的，正是幫助一個人脫貧並逐步成為人生勝利組的「訓練週期」。他也會獲得這本書的啟發。

⊙地球是個學校

什麼週期？訓練週期？

是的！訓練週期。我們之前說過「地球是個學校」的觀念。學校是接受訓練的地方，包含學習與操練。事實上，不管你投生在宇宙的哪個角落，每一段生命的過程都是訓練。

聽祢這麼說，我忽然有種放下重擔的感覺。

為什麼？

那表示，我們在人間表現的優劣，也只是訓練成績之別。「成功或失敗」與金錢、地位、學歷高低都無關，那些都是人間的計分。最後的成績都要由祢老大來認定。

不！其實都是你們自己的「認定」，遊戲規則或許是由他人「設定」，但你可以「選擇」玩另一個遊戲，或是「創造」另一個遊戲。

不管你玩哪一個遊戲，可以在遭遇困境時告訴自己「這個情況也只是個訓練而已，死不了」，你就可以安心，不憂不懼。當你發生好事，也可以告訴自己「這不過是心靈穩定的訓練罷了」，而不過分地得意忘形，你就可以不卑不亢、身心安頓。

就是祢剛開頭時說的「安全感」。「安全感」只能自己給自己。

他人給的安全感隨時可以撤去，唯有從內在生出的安全感，可以教人踏實。

就算我們寫出了再精闢的對話，可以一句話劈開人們在困境裡的迷思，但是也得要有心找尋的人才能看見。

一直都是這樣的。書就在那裡，答案就在其中，但是時候不到的人就不會去翻，就算買回家也不會看。不是書的問題，是他的時候還沒到。你可以說他仍需要在人世間的各種情境中經歷與磨練，直到他願意謙卑放手，開啟他的耳目去聽與看，學習他人的智慧結晶。

學習……

是的！學習。地球確實是所訓練學校，整個人生都是訓練週期。不受教的學生自會有生命當他的導師，直到他學會臣服與接納。

從小沒有人告訴我們「人生是來學習的」。小時候我的祖母總是會喃喃自語地說：「唉！人生是來徂徂欸……」

那是沒有活在覺察中，以致貌似被命運擺弄，對一生經歷感到無可奈何的一個嗟嘆。

我確實因為這樣，有很長一段時間覺得「人生就是來玩的啊」！

你這個笨蛋！人生可以好好玩，但很多人都不想做好準備，讓自己大玩一場。

「啊我的成長環境就是這樣啊……又沒辦法！」

什麼？你怎麼還在提這個？

我是在替讀者發問。一定有讀者會因為原生家庭的制約，產生這樣的疑問。

好的。老一輩的人或許因為資訊的落差和社會制約的關係，看起來比較像是被「命運」擺弄。但那只是「看起來」。任何時代只要你願意、信念夠強，都可以開創屬於自己的命運，甚至可以開創國家、民族。舊的一代會過去，最悲哀的是新的一代卻依然「往上歸咎」。

是理由和藉口使人的一生陷入無可奈何。是消極和怠惰使人的一生無所積累。

是的，人生可以好好玩。如果你有資源，那人生可好玩了！但如果你沒有先找到資源卻盡想著玩，那你遲早玩完。

的確不是每一個人含著金湯匙來到這個世界，一出生就握著大把的資源。這一類的人不是「人生勝利組」，是「天生勝利組」。

不用擔心和「天生勝利組」的競爭，因為你們根本不在同一個象限裡。天生勝利組的組員往往也有著他自己更為艱難的課題要面對。

有時候資源多，帶給一個人的痛苦和不自由更多，這就是為什麼很多財主不快樂的原因，也是很多拿到一手好牌的人最後會一敗塗地的原因。

當你在你自己的領域裡進步再進步、突破再突破，從小麻雀變蒼鷹，你會打破象限，取得和他們一較長短的資格。自然界裡的物種很難跨界，但人類可以，因為這是我安置的自由意志和靈性潛能。

那些連「紙湯匙」都沒有的人，怎樣讓自己擁有資源？

你得先認出資源在哪裡！

認出資源後，如果你要獲取資源，你需要做好準備，而「學習」就是這個準備的全部。

我的祖父經常說：「勤有功，嬉無益。」

是的。你的祖父是個了不起的商人。業精於勤，荒於嬉。這個「業」和人生所造的「業」其實是一樣的概念，都是要精修，沒有大小的分別。小到學會一個知識、技能，大到開創一個國家、事業。

人們對命運的認知往往很難逃開「世代延續」的概念，也因此很難避免歸咎給上一代。

除非你想要複製你的上一代，否則不要歸咎。如果你「不想活在父母的生命中」，想真正走出一條人生路，可以從父母親身上找出形塑你的原因，但不要歸咎，開始負責、開始學習。

假如有一個孩子出身貧窮，後來創業致富，但因為出身的關係，他除了有錢之外，一身土氣，沒有氣質也沒有美感，所擁有、所使用的物質都是次等貨。請問他如果想讓自己對生活的質感更上層樓，該怎麼做？繼續「往上歸咎」推罪給上一代說：「因為我的爸媽也沒有質感啊！我沒被薰陶啊！」是嗎？

如果他會這樣回答，我認為他連當土豪都沒資格……是的，他會去學。

你們有句話說「三代為官，學會吃穿」，吃穿是生活質感的表示。事實上不需要做官，也不需要三代，只要「肯學」！

學習很耗時間，現代人都希望速成。

一個人如果對品酒有興趣，請問他需要花多久的時間去懂酒？品酒是嗜好，這個好學，一年的專注已經足夠讓他成為專家。

如果這個人有興趣的是政治，請問他需要花多久的時間去懂政治？他有太多的管道和機會幫助他深入地去探索政治，三年已經可以讓他參選公職。

如果這個人決定從土豪變成學者，進入學院認真鑽研，十年的功夫他就可以成為學霸。

不要遇事就兩手一攤說「我不會」。不會就去學，不懂就去問！學問就在那裡，只要有心，鑽山打洞你都能學得到、學得會。

一年學不會就兩年，兩年學不會就三年！學習，永遠是意願的事，但是卻經常被藉口耽擱。永不放棄，你早晚會出頭。只可惜很多人離開了學校就丟下了書本，甚至一整年看不到一本書。你們對網路上的資訊如數家珍，但是網路公司的股票卻一張都沒有！

網路資訊商藉由螢幕推播一些炫目而無用的資訊，吸引了你們的注意力，讓你們喪失了學習的能力和意願，甚至連最珍貴的「注意力」都輕易地讓出。網路資訊商正是藉由販賣「注意力」賺取大把的鈔票，而沒有覺知的人就成了被收割的對象。

「時間在哪裡，成就就在哪裡」這句話只對了一半，你花再多時間玩網路遊戲，在人生中依然是個魯蛇。

正確的說法是「學習在哪裡，成就就在哪裡」。

你們以為離開校門就不再是學生了嗎？不！實際上，整個地球都是學校，整個人生都是訓練週期！打開你的眼，邁開你的腳，張開你的耳朵，去看、去聽、去學！去擁抱這個我創造的美麗的地球。

關於「學習的重要」，你現在不只「知道」，按照你的年歲，應該是「深刻體認」到了吧？你這個不受教的傢伙！

是！我體認、我承認、我願意、我接納。我會立定目標讓我自己在未來的每一年專注地學習一樣東西。

好孩子！就像你每一年決定克服一樣東西那樣。

是啊！我成功地克服了懼高症還有對深海的恐懼。我居然跳下懸崖玩飛行傘……現在想起來真是不可思議！有機會我還會想要再次嘗試。

請繼續加油！善用地球學校。

⊙人生是訓練週期

有些人在人生的「訓練週期」當中的表現不佳，以至於生命處於陷落的狀態。所以，這個世界需要很多老師、很多教練。

「訓練週期」的觀念有別於「命運」的觀念，後者容易讓人傾向宿命、放棄，可是訓練週期卻會讓人產生對目標的動力和憧憬。

訓練週期與命運是「相同高度，不同視角」的兩個說法。由於後者被最多人選擇接受，於是就真的成為了「人間命運」。你看看多少人變成了宿命論者和悲觀主義者？

所以人們應該要改變視角，視人生為訓練週期，而非命運的奴隸？

你無法找到一個接納度更廣的說法。即便是一個甫出生不久就死去的嬰孩，也是來完成他的學習。

說人生是一整個「訓練週期」，確實會讓人產生「一切只是訓練，苦也不真」的感受。畢竟，我寧可在訓練中心操練，也不想真的上戰場，戰場那才真的會死人。

很多人不是把人生當學校，反而是當戰場，不論是有沒有流血的戰場。一個人可以用「備戰」的心態面對人生的各種境遇，但不需要引起實際上的戰爭，或是人與人之間的鬥爭。真正懂戰爭的人，從來不會輕易地開戰。那些無事生非、欲海難填的人，才是造成人間實際的戰爭悲劇與某些人生困苦的原因。

聰明的人會安靜下來審慎地認識自己、認清現況，在最有利的情況下，用最省力的方式，去為自己進行成就的累積，而不是張牙舞爪地東奔西跑，像個無頭蒼蠅亂撞。人類主要核心的思想架構，決定了自己在客體環境的變化。

這是確實，我認識一些在事業上頗有成就的人，從來都是寡言而沉穩的。跟他們談話，真的會有勝讀十年書的感受。

儘管你出身的原生家庭土壤不佳，但你有難以計數的貴人相助，有許多知道你選擇這樣艱難人生的靈魂，願意在此生助你一臂之力。這些人都分別用你無法理解的奇妙方式出現在你身邊，加添了你生命的奇蹟。這是你此生的福報。

是啊！我有覺察到！我身邊確實出現許多意想不到的奇妙機緣。竟然……竟然連「神」都來幫我！有時候我深夜靜思，想起以往的人生和現在的際遇，每次都有「太誇張了吧！這簡直不可能！」的感覺。

我知道我的人生起點很低，未開竅前的我又莽撞、又不長進，白白消耗許多光陰。能有現在的成績，是老天和許多人的幫助，我只能說是我運氣好。

運氣，也是一個人的實力和資源。如果沒有之前的累積，此生怎麼會有好運氣？難道你不覺得奇怪，為什麼此生你會有這麼多的貴人幫你嗎？

祢要說的是我的前世嗎？我當然清楚地知道我的前世是誰和做了什麼。但那不是重點，我甚至連幫人催眠服務都不做前世探索。因為我知道，前世已經是固定的，而且過去了。

唯一的變因在此生，在自己。如果想要有福報、好運氣、多貴人，此生的思言行就是決定關鍵。

你不想談，是擔心會被人批評為神棍吧？

擔心？我已經過了擔心的階段，我早就笑罵由人了。第一本書出版時，我已經知道我會身敗名裂，會有很多羞辱性的標籤貼在我身上，會有很多的攻擊謾罵。

不！我不是擔心被人說是神棍，事實上，要當個神棍還不是那麼容易呢！我只是想好好做一個宣揚心靈觀念的人，用更多人可以接受和理解的方式去講述，盡量淡化掉神祕和玄異的色彩，因此我會選擇性地不談太虛玄神祕的事，就算我其實是做得到的。

我們回來「課程」裡吧！東拉西扯地太占篇幅。

聽你的！

祢剛剛提到人生是「訓練週期」，儘管祢這樣講，對不了解「自己正在受訓」的人來說，「生活」還是很真實的感受。

他們不會知道這只是訓練。就像是《楚門的世界》電影裡，楚門並不知道自己是一個實境秀的主角。對這場「訓練」裡的人來說，那些窮與病、羞辱與傷害、愛恨情仇、悲歡離合，依然是如此地真實，一點也不像是訓練……

是的，對這些不解的人來說，不是感受，是真實。這份「真實」至少會讓人在人生這場如真的虛擬實境的訓練中，會學到一點真實的東西讓你帶走。

祢是不是又要強調人生是假的，要我們別當真？

人生是假的，並不會因為我的強調就變成真的。世界並不存在，宇宙並不存在，存在的只有你們的意識。宇宙只是意識的場域，而感知是意識的作用。如果沒有你們在其中感知，這個世界和宇宙根本不會如此多彩繽紛。你們感受到的人生和世界，是透過你們的五感和身體，是透過神經和電流的刺激，使你們出現感覺。

世界之所以如你們所感知的那樣，都是因為「感知者」的存在。當這個世界不存在任何一個感知者，世界也形同消失。如果感知者的出現是暫時的，那世界也只是暫時的。

不會永恆的事物，仍是真實的嗎？

「凡真實的不受任何威脅，凡不真實的根本就不存在。」

我這樣解釋地球這個學校，以及人生是一場訓練，這樣有清楚嗎？

好的，那麼現在到了我們自己訓練自己的時候了！看看有多少人「被」訓練得不知不覺和後知後覺，「被」訓練得一身是刺、滿身傷痕，「被」訓練得雙眼無神、悲苦萬分……對於不知道人生是場訓練、地球是個學校的人來說，這裡是監獄，而周圍的人都是鞭打他的獄卒。

那就去讓他們知道！我盡力了，親愛的……每一個人按著各自的業力與福報投生到地球，各自按著自己的生命藍圖開啟人生，不管那是一個被稱之為幸福的或是痛苦的人生，都是自己來世界之前的選擇與設定。

我也不想看到人們痛苦哀號，面對祈求，我只能提供更多的老師和訊息，帶來幫助他們在此生更改自己生命藍圖的方法。像是透過你。只要順著我們對話的內容去做出改變，這些人的人生就會出現改變……

當真？

當真！神不打誑語。

人生的困境有許多種，其中生存的困境是最普遍的，要是一個人連生存的條件都沒有，又要怎麼談及更形而上的生命智慧呢？當然我知道有少數人可以在極度窮困的情況下徹悟人生，但我想我們並不是要討論特例對吧？

事實上，每一個人此生都帶有各自的資源前來。撇除那些命理學說裡面的先天資糧，其實人間處處是資源，只差有沒有認出以及是否願意運用。至於怎麼運用，反而是最末端的事，因為一個人只要開始有目標，前往的道路就會自動出現。

我完全同意祢的話，我曾經分享過一個故事，是真實的故事。一個一無所有的年輕人，從幫人清理雞舍開始他的職場生涯，最後成為一個跨國企業的老闆。

這是一個很有啟發意義的小故事，你可以再說一次嗎？

好的。

⊙放下尊嚴和面子

有一個人，他夢想是要成為一個跨國企業家，但他什麼都沒有，既沒有學歷，也沒有背景和經歷，更不具備什麼出人意表的能力。他有一個親戚在中部養雞，雞的生意也不是很好，不久前的雞瘟又撲殺一堆雞，空蕩蕩的雞舍只有一地雞大便。這個人雖然什麼都沒有，但他頭腦動得很快，很有創意。他看了看雞舍，跟他這個親戚講：「我來幫你清雞舍好不好？」

清理雞舍可以有一筆工錢拿，但他跟這親戚說：「你不用付我工錢，但清出的雞大便可以送給我嗎？」

反正雞大便也要丟掉，他親戚就很樂意地說：「好啊，我就當做是你清雞舍的工錢送給你。」於是他就用體力做為代價，取得這一批雞大便。

然後，他開始研究怎麼樣把雞大便變成肥料。

他用很便宜的方式，把這些雞大便包裝成肥料，用低於市價的行情，賣給很多種地的農夫去當施肥的材料。他花了三個月的時間才把這批肥料賣掉，賺到了人生的第一個十萬塊。

這十萬塊像是無中生有出現的！這十萬塊是從一堆雞大便開始的嗎？不是，其實是從他腦袋的一個想法開始。

由於有利可圖，於是他持續地收購沒人要的雞屎，除了跟他親戚收集雞屎，也跟很多很多養雞場收集雞屎。當然，附加條件是他幫他們清潔雞舍。

他用同樣的模式如法炮製，一下子就跟十個雞舍簽了合約。這下他有用不完的雞屎，這也意味著，他有非常非常多的肥料了。

體力做本錢，雞屎當肥料，肥料變黃金。

因為年輕，他一個人當好幾個人用，非常努力的他，後來成為中部地區非常具有規模的肥料大盤商。

他繼續經營他的肥料生意，在他的本業上面非常認真地經營，也取得了這個行業裡面的某些專業認證，又和同業在生意上面既合作、又競爭。

他真的非常用心、非常努力，當其他的同業都在泡茶、聊天、出去玩的時候，他在研究肥料的配方⋯；當其他同業晚上在喝酒、唱歌的時候，他在費盡心力聯繫客戶、推銷肥料。別人都是等客戶用完，叫貨才去送貨；他是估計你的用量，知道你肥料快用完，就主動打電話聯繫送貨。因為他勤奮努力，產品的價格和品質都優於別人，所以他生意越做越大。

日積月累下來，除了肥料這個行業本身需要的流動資金之外，他還多了一大筆儲蓄，他知道他有一天一定要動用這筆錢做點什麼。但在那個機會出現之前，他從不隨意地亂花錢，既沒有花天酒地，也沒有過度的消費欲望。

隨著他生意越來越成功，他認識的人越來越多。有一天，他的一位老朋友跟他聊起一個眼鏡的生意。這個老朋友是一個手工眼鏡的製作師傅。手工眼鏡是一種非常昂貴的物品，價格從新台幣一萬五起跳到幾十萬都有，原因是：每個製作的師傅功夫和名氣都不一樣，有些手工眼鏡，甚至已經變成無價的藝術品讓人戴在臉上。

這個眼鏡師傅是一個已經在業界相當知名的人物。他跟這個肥料商說：「我有一個方法能夠壓低手工眼鏡的製作費用；而且也能夠訓練一批人，幫人們免費調整眼鏡，讓所有戴眼鏡的人戴得更舒服，度數不加深；甚至於，我設計的眼鏡能夠讓戴的人完全感覺不到鼻樑上的重量。

「我已經在這個眼鏡業做了三十年，我想退休。可是這個技術會因為我退休而失傳。你願不願意投資我一筆錢，讓我把這個技術擴大，也同時可以傳承下去，我來負責技術，你來負責資金，我們共同合作，一起把這個生意做到全世界。你有沒有興趣？」

天哪，怎麼會有這樣的事情！他想起自己年輕時想成為跨國企業老闆的夢想。於是他很快地研究了這個眼鏡的生意，一個月之後，雙手一拍決定投資。

這個眼鏡師父幫他引進了一些在眼鏡上面非常專業的人才，他自己本身在肥料業也有很好的行銷人才，因為新公司的成立，他們更透過網路，招攬更多專業的行銷高手。

他和這位眼鏡師傅合作愉快，很快地，這個眼鏡生意成了他另外一個賺錢的部門。他的眼鏡事業漸漸地在國際間嶄露頭角，開始在全世界各個大城市佈點。

時間很快，一下子二十年過去了，他一直堅守原來的肥料本業，同時他當年投資的這個眼鏡事業，也在全世界成了一個著名的手工眼鏡品牌之一。

後來眼鏡師傅往生，子女無意繼承經營，於是他將另外四十五趴眼鏡師傅的技術股，折換現金給他的子女，由他自己獨資經營。

又過了十年，他坐在他巨大別墅的庭院當中，坐著搖椅看著夕陽，樹葉飄落，他年紀已經大了。他回頭望望巨大的別墅跟門口的車子，他想：「當年那個一無所有、沒有學歷、沒有經歷、沒有背景、沒有條件、沒有錢的清理雞舍的小伙子到哪裡去了？而這一切眼前和手上的東西，又是怎麼出現的？」

＊＊＊

類似的企業家故事，其實在經濟發達的國家俯拾即是。任何一個事業有成的人，都有一口袋的故事，說來不算稀奇。但是故事裡面有一些觀念和原則是歷久不衰的，而且任何人都能夠使用。你願意告訴我，你在這故事裡看到什麼嗎？

首先，他很落地、很「當下」。他「接受」了自己沒條件、沒背景、沒學歷、沒人脈的「事實」，然後他「願意」拿體力作為本錢，去換取他需要的材料。當然，一無所有但有腦袋的他，已經先想好「雞屎」可以拿來做肥料了。

很多人面對自己的處境，如果不是昧於事實，要不然就是不願意接受現實，這兩者都會讓人遠離真相。受困於這兩者的人，也往往使不出頭腦的智慧與創意。

賣肥料不是什麼高大上的行業，清理雞舍更不是。但是這兩個工作卻是「需要」有人做的工作。於是他把面子與尊嚴都先拋在一旁，去服務那個「需要」。每天穿著工作服出入在臭得要命的雞舍裡，認分地揮汗工作。他出賣了什麼？體力、面子，也只有這樣而已。體力只要吃飯就會有，面子只要不在乎就可以。這兩項都是門檻最低的，也就是說，每一個人都有本錢去付出、去行動。除了那些看不上眼的、不願意做的、不接受的現狀的。

畏苦怕難是很多人的第一道牆，這一堵牆直接篩掉了一半以上「有機會」成為「人生勝利組」的人。我只是說「有機會」，沒說一定。

尊嚴是給自己，面子是要給別人的，但現代人兩個都往自己身上攬。其實尊嚴和面子，在必要的時候可以是兌換現金的工具。只是愚昧的人卻把此二者當成至高無上的供品，將自己供了起來，低不了頭也彎不下腰，重點是還吃不了苦，最後眼睜睜地看著那落後者趕上，徹底丟失他重視的尊嚴和面子。

一個人只有願意先將尊嚴和面子主動的放下，才能在過程中體認到謙卑，而謙卑將為他帶來機會和名聲，最後機會和名聲會為他贏回尊嚴和面子。

好，我繼續。如果他通過了不畏苦、不怕難，開始辛勤地工作，這時候他需要克服一些來自人性的誘惑，像是偷懶、怠惰和馬虎隨便。他需要克服心魔的誘惑，像是負面思考、抱怨、放棄，他需要有理想、夢想，作為力量與汗水的支撐，不斷地給自己打氣加油，才能夠在臭氣薰天的雞舍裡幹下去。

透過你的分析，似乎要成為人生勝利組並不是太難，不是嗎？

老實說如果沒有一個聰明的腦袋可以先想得到「拿雞屎來當肥料」、「體力可以換雞屎」，一般人按照學校「罐頭式的教育」，多半還是會選擇上班一條路。

當然上班也是有機會成為人生勝利組，只是頭頂永遠有個蓋子。畢竟「寄人籬下的事業不會高過房東的屋簷」。

⊙養成好習慣

你還看到什麼？

他在「把雞屎變肥料」的過程中，為自己培養或是鍛鍊出許多好習慣。我幾乎可以確認他一定有某些好習慣，否則稍有成績，可能就會毀在幾個壞習慣之上。

例如？

例如他要持續地自我加油打氣，一個人在偌大的雞舍工作一整天，而且沒有空調，冷熱都是看老天，這需要有超強的工作意志才可以。不斷地給自己加油打氣，一定是他會做的事，而無形之中，讓他變成一個積極正面的人。

還有嗎？

還有就是，他一定是個做事仔細、重視細節的人。用打掃來換取免費的雞屎，這不是讓你可以隨隨便便、和稀泥交差了事的。雞屎其實是可以賣錢的，要人家免費送你，你的清潔工作必定得做得好；如果要長期合作，更是每個細節都不能馬虎。

你分析得很好，他所待的地方確實不是一個令人舒服的地方，需要有相當程度的「工作熱情」支撐，而帶來工作熱情的是理想、夢想，不管那個理想、夢想是鈔票還是別的。

很多年輕人會由著自己的興趣喜好選擇工作，只要你還有選擇，你都是個幸福的人。但對那些沒有後盾、要自己去創造幸福的人，多半能供他們選擇的並不多。因此有一雙慧眼、具有創意的腦袋和充滿熱情積極的心，就會顯得格外重要。

請繼續！我要你盡可能地去分析這個故事當中的主人翁，他到底做了哪些事？在人們看見他付出汗水的同時，究竟有哪些更深層的東西是一般人忽略的？往往那才是成就的關鍵。

看事情都不能只看表面，聽故事也一樣，總要能得到精髓。

當我把我自己投射到這個人身上時，我知道我除了要有積極正面的思考，還要有良好的生活習慣與工作態度，是這些「德行」加上日積月累的辛勤，讓他累積了「厚德」，因此他能「載物」。最後成就他的夢想。

你說的是他的工作態度。

是的。如果濃縮來說的話，我認為他的成功得自「習慣」與「態度」。

所以「養成好習慣」與「正確的態度」，其實就是成為人生勝利組的基礎。你是這個意思嗎？

我知道還有其他的因素會影響一個人的成敗，但是這兩點我認為是關鍵。

可是很多人在日常生活中已經養成了許多的——我不說「壞」習慣，而是「對他人生有負面影響」的習慣。那又該怎麼辦呢？

是啊！這個也是我想問祢的。最糟糕的是，這些有負面影響的習慣還反覆地出現，不是一個「壞」習慣一直重複，不然就是一個接著一個「壞」習慣的出現。為什麼人會糾結在反覆的習氣中？

人是由物質構成，習氣是一種物質性的反應。按照古典力學，運動中的物體如果沒有受到外力的作用，就會繼續維持原來的運動狀態。習氣的養成也是這樣的，一定有一個最先的起頭，然後被重複地加強，直到被潛意識接收後，有如輪迴般地自動上帶。反覆的習慣就是一種輪迴，而任何一個你會陷溺在其中的輪迴，必定是有個你無法放棄的好處。

也許你可以好好想想那些你無法放棄的「壞習慣」給你帶來怎樣的「好處」？失去這個「好處」的結果，有可能是你無法預期和掌握的，最常見的就是「不習慣」。

很多時候，不習慣會引發焦慮與不安全感。人們養成某些習慣並不是為了要「控制」，相反的是為了「不失控」，以便維持安全感。

因為害怕生命的某個部分失控，於是我們讓自己進入習氣上永無止境的輪迴，這標明了至少我們「有在掌控些什麼」。而改變習慣的祕密，簡單得教人吃驚：**只有一個習慣可以改變另一個習慣**。

用習慣來改變習慣嗎？我聽過這個說法，果然是個輪迴的世界啊！我認同這個方式，但我還是不明白為什麼人很難扭轉習慣？

因為你總是要求條件。人都自動會「驅樂避苦」，在這個天性之下，第一個要求的條件就是「不要痛苦」。一個人很想「改變」，但是要有「不痛苦」的要求。也就是他不想離開舒適空間，結果「不痛苦的小確幸」最後變成了更大的痛苦。

其實人生不苦，本來是不苦的，但你想要改變就必然帶來「不習慣」的小小痛苦。當這個痛苦和不習慣出現時，很多人就停滯了、放棄了。這就是為什麼想改變的人很多，真正做到的人很少，因為只有少數人願意承擔、願意覺察、願意面對、願意接納。

如果你願意，你已經先贏一半了！

坦白說，要為自己的人生做出「改變」的決定，是需要很大的勇氣的。

改變或許需要一點勇氣，但不會太難，而且很容易就可以開始，只要一開始的時候，選擇最簡單上手的地方開始改變。

例如我曾經在第二本對話當中叫你開始運動，你後來終於開始，甚至養成了固定重量訓練的習慣，然後整個身材出現巨大的變化。請問你是怎麼改變自己的？

在一開始的時候，要意識到並且願意面對自己的懶惰和拖延，直到內心實在對於繼續拖下去產生了嚴重不安的程度。

很多時候，我早上醒來很想多睡一會兒，可是我已經答應自己，早上要進健身房，為了讓自己做到這一點，我甚至約了健身同伴一早在健身房會面，這樣一來我就沒有賴床的藉口了。

這的確是個好方法，人寧可失信於自己，也不願意失信於他人。

我有好多次站在器材前面，真的不想上去動，可是我跟自己說：都已經來了，至少動幾下，算是對自己有個交待。當我這麼想時，坐上器材就變得簡單多了。於是我注意到，從小小的目標開始，一點一點地往前推進，就可以達到你原先答應自己的事，事實上，一次只前進一點點是完全不困難的。

一旦我在器材上開始運動，就會告訴自己：「先做六下就好，這不會太費力的。」完成了六下之後，我再跟自己說：「你只要完成四次的六下，這個項目就完成了，你實在太棒了！」然後不知不覺我就做了二十四下，往後每一個器材，我都是用這樣的方式逐漸推進次數和重量。

最後，我讓自己深刻地記住全部完成後步出健身房的感覺，彷彿我是一個征服了世界歸來的君王，我記住了那樣的自己，並且跟自己說：「你是最棒的，因為你完成了了不起的事！」其實，頭三個月都是這樣狀態的重複。一天過一天，來自心智的阻力就愈來越少，我知道我已經養成每天早上要去健身房自虐的習慣了，因為我愛上那種肌肉又痠又腫的快感。

很多人以為運動是鍛鍊身體，其實真正被鍛鍊的是心靈。寫一篇作文不難，每天都寫很難。上健身房運動不難，持續每天去很難。從事一個行業不難，定著不轉業很難。做一件對的事，開始了就不要停。

其實這世界上沒有難事，會說難，都是預先知道自己會沒有持續力。把事情看簡單，持續力就會出現，然後不知不覺，你就完成在別人眼中困難的事。

由此看來，困難其實並不難，一切只是心魔作祟，是心智小我一直告訴你：「這很辛苦，你的人生幹嘛自找苦吃？」一旦你願意突破你的心魔，開始行動，你就會發現，困難和吃苦都是幻象。

吃苦的人生是不必要的，但如果你想改變現狀，「吃苦」就是在地球學校鍛鍊你的教練。

堅持下去，你早晚會苦盡甘來。因為你的堅持，苦往往也不太持久。

在革除不適當的習慣以便養成好習慣上，你有沒有勇氣跟「苦」鬥一下看誰的氣長？

光有改變壞習慣的心可能還不夠，如果能找出壞習慣的成因，那改變應該會快很多。

是的。很多壞習慣的養成只是為了要獲得安全感，或是一種熟悉的感覺。例如你曾經對自己童年的描述，你的抽菸是因為母親抽菸，母親是你童年時的避風港，母親身上的菸味變成你童年的記憶。當你在青春期時遭受到痛苦傷害，特別需要回到避風港，但已經不能像兒時那樣，於是你找到替代品香菸，十幾歲的你開始抽菸，好讓自己獲得一絲的安全感。

事實上，香菸破壞你的身體，根本不可能帶來安全，但你就因為這樣的無明，而不知不覺地開始，然後成癮三十多年。

好，抽菸確實是一件很不好的習慣，謝謝你在這裡提出。事實上我曾經成功戒菸一整年，只是後來又破戒了……

不！你永遠不要戒菸，直到你確認你是誰。在你終於確認你自己是誰之前，這個童年誘發的習氣會一直跟隨你。

我不懂你的意思。

我說，直到你終於確認你自己是誰之前，你不可能成功戒菸。不讓自己抽菸是一件極為簡單的事情，你只要不再拿起它就好，但是真正會讓這個「不再拿起」的情況持續下去的，是你終於發現你是怎樣的人，或是你想變成怎樣的人。就像你養成運動的習慣，是為了想變成身材很好的人一樣。

戒菸跟「我確認自己是怎樣的人」有什麼關係？

關係大了！

如果你知道你「是」一個要健康的人，你不會抽菸。

如果你知道你「是」一個對自己的承諾能履行的人，你不會抽菸。

如果你知道你「是」一個自愛、自重、自律的人，你不會抽菸。

不要改變習慣，要改變的是「你這個人」。當「你是什麼」這個參數被改變了，自然就會表現出「相對應」適當的行為與習慣。

一個人改變不了他的習慣，如同牛頓的運動定律「運動中的物體會傾向持續運動」一樣。那麼，當他由裡面開始改變對自己設定的參數、改變自己，那麼習慣的「因」也就被改變。否則，你改變的不是習慣，只是動作。

⊙降維

好像真的是這樣，一個人確實會表現出「如他所是」的形象與態度，也包括習慣。

拿你來說，你也表現出「如你所是」的習慣。其實，會抽菸的人都是來自高維度的人。

啊？為什麼？

高維度的人都騰雲駕霧啊！來到地面上不能騰雲駕霧，至少可以吞雲吐霧！

緬懷在上面的日子嗎？哈！你還真是幽默啊！

要來一根菸嗎？

不！我降維了！謝謝！

你說什麼？

我說我降維了，現在不吞雲吐霧了！

所以你承認你是來自高維度了？

這樣說好像有點驕傲，而且是在講這個世界是低維度……雖然我並不認為自己是低階的狀態，但我也並不想表現出很高階的樣子。

低維度是意識的接納程度低於高維度，也就是五感和心靈所接觸的層面僅限於物質。「地球目前仍是一個低維度的星球」，這對你們來說，並不是一個貶抑的說法。至於你是不是低階，這要讓你自己決定。

你講的「維度」我懂，但對於一個幾十年都努力著要出人頭地的我……怎麼會認為自己是低階，要仍是低階，我真是白活了！

確實！這半個世紀以來，你的心性確實已經有相當的高度。但如果你想要再更上層樓，恐怕你得回頭。

什麼?!

在上的即是在下，誰願為大、誰要為眾人服務。你剛剛開玩笑說的「降維」二字裡面有祕密，解開這個祕密就會得到寶藏。

什麼祕密？

你居然不是問寶藏是什麼！好！如果不是你求知若渴，不然就是你已經知道，過程比結果更重要。

首先，只有一個已經具有高維度意識的人可以降維。低維度的人需要各種因緣促成，加上自身的努力，才能升維。一個意識已經升維的人，從外表是看不出來的，你只能從他的行為表現看出，甚至連語言和文字都不能證明。

最簡單的觀察就是「對父母的態度」。只有意識程度相當高的人，才會對自己的父母態度良好，不論父母是怎樣的人。

按照祢的說法，我一定是個意識程度很低的人吧！看看我對我父母的抱怨……不過我同意對待父母在態度上必須要降維，他們年紀大了，頭腦智力和反應都比年輕的時候退化，跟不上年輕人，要是不降維，只會造成子女和父母的痛苦。

你最大的優點就是永不放棄。儘管你的成長環境和教育很糟糕，你卻一路履仆履起、持續奮戰。這讓你外在的成就逐漸地墊高；在這個過程中，你因著對心靈的領悟和年齡的增長，也逐步提升你的意識維度。

但是我仍然對他們有抱怨啊！祢看看之前寫的那些……

你是在我的要求下說的不是嗎？其實你對你的父母已經做得超出「你所被對待」應付出的。不是每一個在病態家庭被虐待長大的孩子還能夠奉養這樣的雙親。要你完全沒有埋怨，那是太強人所難。孩子！你已經做得很好了！你真正做到了「降維」。但是如果你要在心靈的意識上更上層樓，你還要再降！

所謂的「降維」是指「用他人能懂、能接受、能明白的方式去互動」，就像我對你的說話。高維度的人因為意識程度彼此都足夠，往往一個眼神、一個意念就可以完整表達一切，但低維度的人有「表達方式」的限制。

所以「捻花微笑」真的就是屬於高維度的溝通了……

「正法眼藏」是禪宗裡高推聖境故作神祕的公案。不立文字、不行言語是因為說穿了太簡單，但是宇宙之道本來就是化繁為簡的。一個真正的「高維」必定是願意「降維」的，正是因為降了維，我們可以知道他是來自高維度。

所以耶穌才會說「誰願為大，誰要為眾人服務」、「眾人的王，要做眾人的僕人」，你看祂甚至為門徒洗腳。

類似的話孟子講過，「民為貴，社稷次之，君為輕」，我敢打賭，耶穌一定沒有讀過孟子，但是他悟出了一樣的東西。

真理拉到最高處，都是殊途同歸的。他說的話其實就是「正法之眼」，現在不用藏了，直接告訴你，就是「降維」。

降維有幾個層次，一般初階的降維是我剛剛說的「用他人能懂、能接受、能明白的方式去互動」。再上一個層次，是「願意將自己的一切縮小」，我說的是「一切」，包括態度、尊嚴、情緒、金錢、地位、權勢……

從這個社會上溝通老是出問題看來，很多人對於第一階段的「降維」還都無法掌握。也就是說，很多人都不是高維度的人。用佛家的說法叫做無明、未覺醒的人。因此雞同鴨講的溝通障礙就會經常發生。

而第二階段的降維，「願意將自己的一切縮小」這就厲害了！這一類高維度的人除了可以達到第一階段的溝通互動，還能真正地放下與委身。這一階段的人沒有面子、尊嚴、地位、權勢和利益需要維護。「無我」的人可以「空其身心」。他可以真正全心、全意、全靈地，去為他所要付出的對象或目的做到「全然」。不是只有語言、態度，他連行為都如此。在整個心思、言行上，全然體現一個來自高維度的人降維之後的狀態。

我們有一個名詞叫做「謙卑」。祢看中文厲害吧！簡單兩個字搞定。

中文確實能做到化繁為簡，不過卻不是每一個人可以從「謙卑」二字領悟到「降維」的意含，這兩個字不適合用來解釋「降維」的真諦。我來說說一個帶著高維度意識的人是如何表現降維的態度吧！

他在對待父母的態度上會和諧喜悅，用父母可理解、能接受的方式去說話，並且盡力地去滿足父母的要求。

雖然「孝順」二字是個多餘的捆綁，但如果以儒家所說的「孝順」，這才是真正的孝順。是發自內心全然地呈現，而不是被孝順二字綁架所表現出來的行為。

他在消費的時候，不會有「高高在上」的心態，甚至還會處處為商家和服務他的人著想。他不太會接受以享樂為主要目的的服務，如果有這樣的機會，他甚至很有可能還會反過來服務那些人，或是會想辦法減輕那些人的工作負擔。

他在職場上是一個精明睿智、笑口常開的人，但經常會裝糊塗。不輕易開口，但言必有中。

他和其他人相處時，很容易讓周圍的人如沐春風。因為他會努力讓他人感到舒服，而且是真誠不虛假的。

你說的這簡直是全然的「真」、「善」、「美」！

根本是天使不是嗎？他們名副其實是人間的天使，對於遭逢危難的人，也都願意出手相助。這樣的人心中並沒有「我在為善」的念頭。刻意表現的善，雖然也是善的一種，但並不純粹。來自高維度的他只是在做他自己。

你們有句話說「善良是一種選擇」。聽完了這個解釋，你還認為善良是可以選擇的嗎？真正的善良是一種高度意識的表現，那需要深度的修練。你可以選擇要讓自己進行修練，但無法選擇表現善良。所以你會讀到《聖經》上保羅說的一句話：「立志為善由得我，只是行出來由不得我。」

這樣說來，一個人一旦選擇了這樣的修練，他豈不是沒有了「自己」？

對修練完成的人來說，這就是他的「自己」。可以降維的人，一般都是已經將人生活透、悟透的人，他明白生命中重要的是什麼、該表現的是什麼。他活在「清清楚楚明明白白」裡，你可以說他是個開悟的人，對一個開悟的人來說，「無我」是自然的，任何降維之後的表現都只能是正確無誤。

所以做不到「善」的人，或是還在「刻意」為善的人，都還是意識上低維度的人，也就是普通人……

人並不普通。這世上沒有普通的人，都是還在修練的人，等待著進步的人。

降維的人難道在社會上就不會被欺負嗎？我知道很多人喜歡欺負這樣的「好人」。

一定會！確實很多人對這種縮小自己的人會得寸進尺、軟土深掘，不過你別忘了，他可是有高度意識的，只是刻意「降維」了。這樣的人有強烈的「直覺」和「透視徵兆」的能力，見微知著，這可以讓他趨吉避凶、化險為夷。就算真的受困，也必有貴人相助、奇蹟出現。

如果他真的被欺負到退無可退，會降維降到什麼程度呢？一維嗎？一個點？

這裡所說的「降維」指的是意識層次，不是時空場域的降維。不過，如果他真的被逼退到一個針尖般大小的「一維」，也就是退無可退了，那麼他只要一個華麗的轉身，就可以重回高維度的狀態。

記得我說過的嗎？「經過擴張的心靈，不會回到原來的大小」。如果他真的是「被逼」到一維的困窘狀態，只要他願意，隨時都能重返榮耀。

「經過擴張的心靈不會回到原來的大小」……除非他帶著意識縮小。是嗎？

能夠帶著意識縮小，讓自己「降維」，就可以帶著意識讓自己再「升維」。也就是「華麗轉身」。「彈性」二字在這個狀態的人身上，會完美無瑕地展現。

我隱約可以明白祢的意思，但我實在無法用文字表示……我連讓大家明白的表達能力都沒有，真是一個太低階的人！

對你這個階段來說已經足夠了！很足夠了！我們這次的內容就是在幫助一個人如何達到「升維」的狀態，一個升到「高維度」的人，也必然是「人生勝利組」。

升維之後的人將會願意無條件的降維。而一個真正「降維」的人，是沒有條條框框的，很多人想要拆除人生的框架、社會的框架，卻不清楚，只要縮小自己就可以脫離框架。

價值觀呢？價值觀也是一種框架，甚至可以說是最大的一種。

對降維的人來說，沒有特定的價值觀需要認同或遵守，剛剛說了，「彈性」二字會是他意識裡的主軸。有更多的部分我們後面會提到。

而且「降維」還可以進入「永恆」，對吧！祢說過的，能縮小自己的人就能進入永恆。

是的，你會心甘情願地接受你在地面上的樣子，而不試圖透過某些不適合的欲望，去投射你的渴望和意圖。到最後，這樣的人會連欲望都止息。

這就是人們說的「落地」吧！但一個落地的人卻很難避免沾染人世間的許多習氣和誘惑啊！

所以才說人間是一個訓練的學校。

⊙「我是」宣告法

那麼除了降維，針對改變「壞習慣」，祢還有什麼可以幫助我們的？

改變說話的方式。不管是對別人還是對自己，尤其是對自己。

對自己的說話？

是的，對自己的說話就是改變心智程式的設定。

祢說的是催眠，自我催眠？

是的。只是，多數人的自我都說一些無效而不具建設性的話語，甚至是有傷害性的話語。拿很多人都會有的抽菸習慣來說，如果你要停止抽菸，你不該說「我要戒菸」。「『我要』戒菸」不會成為宇宙的命令，「『我正在』戒菸」也不會。你應該說「『我是』不抽菸的人」。這句話向宇宙表明了你是一個來自高維度的人。你如果持續地告訴自己「『我是』

一個不抽菸的人」，這比你告訴自己一切抽菸的壞處嚇自己要有用。

是啊！香菸盒上總是會印上許多可怕的照片，但癮君子依然一包一包地抽。

如果用「嚇」的有用，那事情就簡單多了，問題在於「嚇」只對孩子有用，你已經成年，一個成年人的習氣有如鋼纜一般地堅固。與其用各種警語和可怕的圖片「嚇」你放下香菸，還不如直接治根，剪斷你習氣的鋼纜——直接讓你變成一個全新的不抽菸的人。

如果你改變自己的心智意識達到了高維，那麼之後的降維也會讓你更快速停止抽菸——因為你已經處在更高的維度裡，用全觀的格局看見真相。一個了知真相的人是自由的，他只會不憂不懼，沒有焦慮，全然地平和與安全，又怎麼會需要香菸呢？

不管抽菸有多大的壞處或是曾經為你帶來多大的安慰，讓它們就待在原處吧！現在就告訴自己「我是一個不抽菸的人」。

這就是偉大的「我是」宣告法。

試試看，持續一個月每天早中晚對自己說這句話三十遍。每次當你再度拿起香菸的時候，一定會有很大的不協調感，當這個不協調感大到成為你不安全感的來源，你就自然再也不會拿起香菸。

相同的方式其實也可以用來改變其他的習慣對吧？

是的，甚至可以改變你整個人！但是記得讓「我是」後面的用詞傾向正面。

就像祢要我宣稱「我是」一個「偉大的心靈魔法師」一樣。

但凡是為了自己而宣告的話語，都會成為宇宙的命令。要小心！因為負面的話語也會，對宇宙來說，正面與負面並沒有分別。

所以要小心你對自己說的話，你的每一個詞句都會輸入宇宙裡，並且逐漸增加強度，直到最後實現。

所以經常性地讓自己處於「覺察」的狀態下，是相當重要的。

我們一開始就已經說了，「覺察」與「反省」是扭轉一生的關鍵。

＊＊＊

好，到目前為止，你已經掌握了幾個成為「人生勝利組」的關鍵心法？

我明白到，不安全感和罪惡感是所有心靈問題的核心，只要可以解決這兩大核心，一個人的內心將會獲得解放。

我知道時間是一個虛幻的概念，只要善用心靈，則時間與空間都會為我所掌握。

我學習到，人生是一個訓練的機會，藉由世間的一切來鍛鍊靈魂的強度，也藉此體驗生命的美好和過程中的各種感受。

我體認到，真真實實地認識自己並且認清所處的環境，沒有障礙的去接納一切，然後立下一個目標，保持著高度的覺察，去朝向你要的目標前進，在過程中，不斷地自我反省、檢討、修正、調整。

我清楚習慣的出現來自於不知不覺中，而養成好習慣和良好的態度，關鍵在於「想讓自己成為怎樣的人」，而非習慣或態度本身。

你沒有提到「降維」。

拜託！那是已經升維到「人生勝利組」之後的表現好嗎？

嗯……好！你覺得這些就足以讓人成為「人生勝利組」嗎？

我覺得我們還在打底，人生哪有那麼簡單！基礎所需要的材料還有許多。人間是學不完的，我們空白的來這世界，不學就會變白目……

你認為還缺什麼？

自信。台灣人普遍都缺乏自信。我不知道這是不是因為海島小國的關係。但我知道很多人之所以會沒有自信，和他們從小所受到的教育有關。

這一個問題似乎不是對宇宙宣告「我是一個有自信的人」就可以解決。因為我發現，很多人不是沒有自信，是根本連自信是什麼都不知道。

你這樣說又要得罪人了！

我說的是實情，我並不認為有多少人真實地去探究到底「自信」是什麼。大家不知道這玩意兒是什麼，只知道有它很必須，一股腦地追尋，但自信並不是你去追就會出現，而且往往是越追越缺乏。

這就跟人們對金錢的態度一樣，在還搞不清楚「錢是什麼」時，就一窩蜂地開始追錢，可是因為對錢的了解不夠，怎麼追也追不上。連巴菲特都說了：「要讓錢為你工作！」但怎麼樣讓「自信」可以運作？

你說的是。不過你該休息一下。這個議題我們下次再討論，請你回到樓上，去抱抱你的狗，牠們在這段期間和你相處的時間並不多。以及你的好伴侶怡婷，她已經為你備好了晚餐。

現在已經是吃宵夜的時間了……

去吧！下次見！

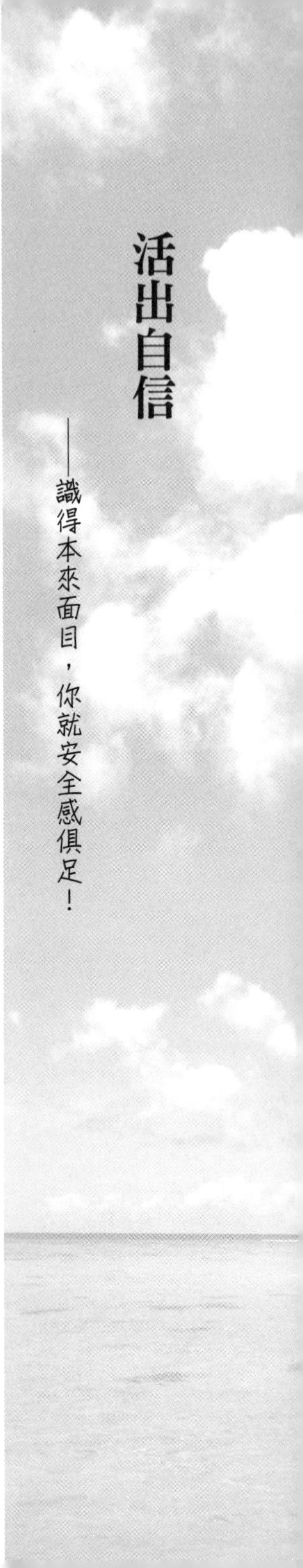

活出自信

——識得本來面目，你就安全感俱足！

你這一頓宵夜吃了半年……看來這本書是遙遙無期了！

別這樣，祢知道我最近俗事纏身……

所以你準備好好和我聊聊「自信」這個話題嗎？

我不確定……隔太久了……

ㄜ……我是說，我很有自信地告訴祢，對於探討「自信」這件事，我還不確定。

你在跟我抬槓……

好啦！不鬧祢，我們開始吧！

⊙為什麼沒自信？

我先問問你，你花了多久的時間才甩掉「瘦皮猴」身材的自我認知？

哈！老實說，到現在我還時常覺得自己是隻瘦皮猴，直到我站在鏡子前面才會發現，原來我已經是一個筋肉人……

這中間花了你多久的時間？

我持續的保持健身運動至少七年！

我是問你花了多久的時間甩掉「我是瘦皮猴」的想法？

沒甩掉。裡面的我依舊是那隻瘦皮猴。

你是說，你用七年的時間改變了身材，但是你仍舊看自己是個瘦皮猴是嗎？

是的，我想那是潛意識的「自我印記」吧！就算外表改變，但裡面的我還是認為自己是老樣子。

這就是一個人的自信始終出不來的原因。

你是說潛意識的「自我印記」？

潛意識的自我印記要出現改變，得從兩方面下手。

一個是自己對自己的說話，用不斷地重複去讓潛意識進行程式更新，這個我們之前談過了。

另一個是透過外在對你說話，也就是由外界透過「肯定」來賦予你信心。

這兩種，一個會帶動另一個，但是缺一不可。我敢說，要是有人找你去演「玩命關頭」裡馮迪索的角色，你潛意識裡對自己的自我印記，必定會很快地不一樣。

這就是為什麼電影明星總是一副自信滿滿的原因吧！因為被影迷推崇讚歎。來自「外界」的巨大肯定，讓他們就算本來不信，都生出信心了！

是這樣沒錯！但……

但什麼？

但大多數人不知道「自我對話」就可以改變一個人的自我印記，甚至改變一生。也不需要有一票影迷的追捧或什麼獎的肯定。

這就是平凡人之所以平凡的原因……

平凡人也可以透過「自我對話」改變「自我印記」，不然你以為，是什麼讓你謝明杰改變的？

不就是跟祢說話嗎？

我是誰？

神！

是的！你說的是，我是神，是心神！這是你的心神對你的腦袋的對話。

祢不是創造宇宙的那位嗎？

喔！別鬧了！我以為你知道。你的心神和創造宇宙的神有不一樣嗎？

祢的意思是，我的心神就是創造宇宙的那個神？

正是！

WOW！

怎麼樣？這樣有沒有更有自信了？

有有有，灰熊有！

⊙傻瓜才會有沒來由的自信

回來上課！

你想過是什麼讓電影明星成為電影明星？一個肌肉動作男星，怎麼會知道自己可以成為那樣的角色？

是啊！他怎麼知道？他設定了目標吧？

答案是他不知道！他只是去Be……儘管還不知道有沒有那樣的「機會」，但他已經讓自己「在」那樣的位置上做準備了。

成為……

人們只看到他Do的部分，不論是演出來的電影或是私底下的鍛鍊，但在Do這些之前，「角色前」的心理建設，才是決定演出是否成功的關鍵。

「心理建設」？慢著……慢著……祢是要告訴我……自信是……演出來的？

不然呢？只有傻瓜才會有沒來由的自信！不管是從內在還是外在。一個人可以準備好自己的外在技術和心理層面，但一件事成不成，仍由許多的變因決定，因此「傻瓜一般的自信」是會出問題的，絕大多數看起來自信滿滿的人，其實都有著某種程度的偽裝。

祢是說，他們只是看起來很有自信，但其實仍有部分的沒把握？

他們只是假裝自己很有自信、假裝自己是明星，假裝自己很帥、很美、很有魅力……但他們真正能掌握的，比起你能掌握這本書的內容多不了多少。

明星，是一個被導演、編劇、電影公司和群眾掌握的「工具」。一旦卸了妝、換上居家服，他們和你隔壁的鄰居差不了多少。你在螢幕上看到的都是「被精心設計」過的。

我以為他們這些已經躍上螢光幕的「人生勝利組」，有著天生的自信，畢竟先天外貌條件優異已經碾壓許多人了……

不！你以為他們為什麼要去整形？他們和你一樣，有著一般人的心智和習氣，有許多巨星甚至有著殘缺破碎的心，和千瘡百孔的人生。但是他們一旦站在攝影機前，就必須要呈現出觀眾想要的樣子。這是他們的工作、角色，他們必須要有這樣的態度。

巨星們的私生活有很多的緋聞、藥物和酒精，這已經不是新聞……但不得不說，演得這麼辛苦的他們確實是很敬業，值得高薪。

所以你現在知道，他們在螢光幕上的自信是怎麼來的？

裝出來的！

雖然不是百分百的偽裝，但總有某個程度是。這對他們來說並不難，因為他們是「演藝人員」。

對他們而言，如何裝得不露出破綻，才是決定「演技」的標準。而「裝」出自信對一般人來說，也不該是一件困難的事，缺的只是誘因。

是啊！一定得有一個值得的什麼東西讓我去演、去裝。是那個背後的動機讓我心甘情願戴上面具……要是有誰付我兩千萬美元，祢要我戴一百個面具，我都不會拒絕……

你的面具比較貴，一般人三五萬一個月就願意裝了……要是再多個三五萬，那就裝得更起勁了。

我懂了！所以祢要告訴我的是，沒有純然的自信心，所有我們以為的自信，都是某種程度的偽裝，受到某個利益和目的的驅使？

是的！其實一個人可以做到「安全感俱足」，就已經完成了熱情無懼，可以自然而然地表露內在、展現自己，那就是真實的自信。其他不是透過內在安全感而來的，都是某種程度的偽裝。

但在獲得全然的安全感之前，難道就只能用裝的嗎？天啊！人生多悲哀！難道「裝」不會失去更多的安全感嗎？

絕大多數的人都在某種程度的假裝之下過生活。裝，可以讓他獲得他要的，可能是金錢，可能是權力、光環或地位，而這些「他要的」則能帶給他安全感。有更多的人甚至連安全感都是裝出來的。

我不認為那樣的安全感是真實的……

這個世界有什麼是真實的？安全感對很多人來說，本來就是個虛無飄渺的東西，甚至連概念都不是，只是個感覺。他們不會知道，安全感其實是一種能量的展現，對他們來說，安全感跟虛榮感很像。追求的人甚至不知道自己在追逐安全感，但他們知道，在自己身上擁有某些東西，會讓他們不焦慮。

祢是說，對某些人來說，「安全感」只是不會引起焦慮的「感覺」。

藉由某些外在的事物來獲得的感覺。像是名牌、超跑、豪宅……

而當那些名牌、豪宅、光環、地位消失，焦慮就會排山倒海而來……

所以你可以知道，寄託於外在的安全感，是比這個虛假的世界更虛妄不實的，可以說是「虛中之虛、假中之假」。真正有用的安全感必須是：一個人開始「覺省」之後，透過不斷地沉澱與洞察、精思與漸悟才會出現。

也就是他必須要「往內看」。升維！

是的！

⊙向內看，識得本來面目

一般對「勝利」有追求的人都是「往外」。追求知識、機會、地位、證照、獎項……他們把這些視為肯定。擁有了許多來自外界的肯定之後，卻發現解決不了生命最深處的空虛和茫然，於是陷入了焦慮，嚴重的甚至開始出現精神症狀……

這個時候，只有很少數的人會願意開始向內覺察，往內看。當你開始願意往內看，你將步上人生勝利組的第一個階梯。

一個了不起的演員需要去揣摩角色的內在世界，他需要往內看。
一個生意人需要去探索客戶和競爭對手的行為與動機，他需要往內看。
一個將軍需要去洞悉敵方陣營的戰略和可能的戰術，他需要往內看。

只有設身處地並且完全掌握，安全感才會出現。

一個演員因為掌握了角色的精髓，而能精湛演出。
一個生意人因為掌握了客戶的意向和競爭對手的方向，而能夠制定策略。
一個將軍因為能夠掌握敵軍的戰略和情資，而能夠克敵機先。

電影《一代宗師》裡有句台詞「見自己、見天地、見眾生」。一個能夠向內看的人，在任何領域獲勝的機會，都要比只知道看外在表象的人高，因為他們正在成為一個高維度的人。

這就是為什麼「成功者總是少數」的另一個原因吧！

事實上，幾乎可以說是唯一的原因。因為智慧是藏在裡面的，唯有願意向內看的人可以獲得。而願意深入地、長期地向內看的人，則可以獲得其他人所望塵莫及的成功。

所以那些被人稱之為「老謀深算」的企業家、政治家和軍事家，其實本質根本就是哲學家！

他們的「謀」其實也不過就是「運用智慧深度的探索分析」。這距離真正哲學家在思考的仍有段距離。但其實也已經很像了！

那要是到不了接近哲學家的高度和思考的深度，是不是就和人生勝利組絕緣了？

你為什麼要先替讀者們丟掉信心？你怎麼就覺得他們到不了哲學家的高度？

不！我這是在替他們發問，一定會有讀者這麼想的。

我這麼說吧！不管一個人是否成為人生勝利組，他都已經是自己人生的哲學家。也都用他的生命在撰寫自己的哲學史。哲學也有層次之分，但「人生勝利組」是帶著意識選擇的結果。

然而即便如此，對他的人生又有什麼意義嗎？不是每一個人都可以一天花幾個小時靜思、沉澱，探索自己的內在世界和外在人事物的變化。

是的！不必是哲學家也都知道，人生盡頭是死亡。而也因為這最後的終點必定到來，在他們生命的某個時刻，他開始會在仍有呼吸的時候，為活著創造意義。這是生命被創建的初衷。

那可以被稱之為「覺醒時刻」吧！

當一個人開始決定往內看，內省的雙眼就會讓他脫離渾渾噩噩的人生。當一個人開始探索生命的意義，就會願意去開創生命的價值，然後獨一無二地去活出屬於自己的樣子。

那麼，當他決定「活出屬於自己的樣子」，之後他又應該做些什麼呢？

還能做什麼？當然是做自己！那意味著他已經獲得了全然的安全感，不再需要面具的偽裝。

可是在人類的社會行走，不可能完全沒有面具啊！面具是在這個社會模式之下的一種約束和規範。我的意思是說……祢跟總經理說話的樣子，不可能和跟媽媽說話一樣吧！

不再需要面具就表示「不可以」再戴上面具嗎？

這……

一個已經獲得完整內在安全感的人，他隨時可以配合環境與人物去選擇自己的表現狀態。他可以戴上面具，也可以隨時拿下。而沒有安全感的人則隨時都需要面具的保護，即便四下無人，也不一定知道自己的真面目，自己都看不清自己。

本來面目！

是的！本來面目，識得本來面目，你就安全感俱足！

也就是說，一個獲得真實安全感的人，必然是個已經「升維」的人，而這樣的人有著極高的「彈性」，可以戴上面具或是拿下，可以表現高度也願意低微，有著全然的「自由」，擁有這樣的自由的人就是「人生勝利組」！

是的！你懂了！而我們的這個「課程」的目的，就在幫助大家成為「人生勝利組」，這一系列的書就是成為人生勝利組的「武功祕笈」。

我的老天！這太……太……

太屌了。我直接幫你說。

我只是想要有點形象好嗎？我可是心靈魔法師耶！形象！形象！OK？

彈性！兄弟，彈性！在上的也能在下。

是！「在下」遵命！

讀完還能用出來的人，才真的是屌。

⊙真豁達才有真戲碼

討論到現在，我算是理解了，為什麼對人生、對生命有著深厚體認作為底蘊，才能成為一個好演員。

怎麼忽然又提到演員？

聯想，水瓶座的放射腦……

一個已經對生命有著透徹認識的演員，詮釋任何角色，根本不用演，他直接「是」。

難怪吳朋奉曾經跟我說：「我最討厭人家跟我『演』戲！」原來他說的是這個意思。

你的這位好朋友從不把自己當明星，總是說「我是個演員」。一個演員可以是明星，但一個明星不一定會是個演員。最大的差異就在於對生命深度的認識。吃苦，會讓一個人深刻地學會活著。他是一個吃過苦的演員。

我聽他說過，他不只吃苦，他還很瘋……難怪人家說「演戲的是瘋子，看戲的是傻子」。不瘋魔不成活，不夠瘋就不夠入戲，演不出能看的戲。不瘋的演員充其量是個戲子，術匠而已。

那看戲的人呢？看戲的為什麼是傻子？

只有傻子才會入迷，隨著劇情和角色的情緒奔走起伏。戲如人生不假，傻子才會人生如戲。看著台上的戲上演，自己在生活裡也在演，最傻的莫過於：不知道自己只是在演，還演得很高興。

人生很苦，不苦中作樂行嗎？人生如戲也好，如真也罷，都得演下去，而且要演得好。謝幕時自己才笑得出來，別人也才哭得起勁。

人生如戲，每個人都在演。戲劇也好，人生也罷，其實都不該是用演的，能用演的就不是戲了，是一場劇。但很多人卻把人生演成悲劇或鬧劇，喜劇的卻不多。演員從來不能用「演」的，只能融入那個當下的存在，然後存在消失了就離開。

要進出自如沒那麼簡單。

作為一個人，重要在「活透」。若他參透人生時，就會是個好演員，戲裡戲外都是。要是還參不出做人做事的箇中三昧，該入戲時狀況外，該出戲時拔不開，這不是瘋子，這是傻子，還不如坐在下面看戲呢！

我瘋子已經做不成，傻子又不願意做，祢說我做什麼好？

兩個都做，別單做傻子或單做瘋子，兩個都做，你才有進出自如的覺察，也才能有平衡的基準。

傻子就算只是坐著看戲，自己的人生照樣看不開；瘋子就算只是演戲，卻有時候搞不清楚戲裡戲外。

如果你台上參不透、台下看不開，你這看戲的不是傻子是什麼？人生中該笑的時候咧嘴笑，該哭的時候撒開來哭，這才是真戲碼。有真豁達的性情才有真戲碼。

戲，且真且假，只有參透人生真理的人能演好，也只有了悟人生的人能看懂。

照祢這麼說，演戲真不是人幹的事，是神幹的！就連看戲的也是。

本來是啊！演的跟看的本來是一體兩面。最早他們都是演給我看的。演戲的很神，看戲的也是。

所以祢是瘋子還是傻子？

Both！神可以什麼都是！

對！因為祢是神！

你們也可以什麼都是！

在我們發現自己什麼都不是之後……

真正的智慧就出現在「終於知道自己什麼都不是」，認知到自己什麼都不是，是一種巨大的「放下」。真正的放下，不是只有針對物質的捨，而是對「我執」。放下「我執」，才會出現「無我」，這個時候連謙卑都是多餘了。然後覺悟就會出現。

直接變成「高維度」狀態。

然後可以降維成為一個好演員。演誰像誰，裝誰是誰。

一個人捨掉了「我執」，就能成為好演員……

戲如人生，每個人都在演。演員不是只在螢光幕上和戲劇裡，你生活中開眼所見的人，各個都是演員。而職業的演員，必須對於人生有著異於常人的透徹。世上開悟的演員，其實遠超過你的想像。

他們很清楚地知道，不論戲裡戲外，眼睛所看見的都只是一場佈景，不管有多真實。生活裡、生活外遇到的每一個人，也都只是一個角色——一個正在扮演「自己」的角色。一旦場景切換、人物變異，上一場戲就永遠過去——只是上一場戲。

一個能夠把人生中所有過去的發生，都當作「上一場戲」而不去咀嚼、不去埋怨、不去陷溺的人，心中怎麼會有仇人？怎麼會有冤家？又怎麼會有過不去的事情？

一個諸事已過，萬般皆空的人，心裡自然是容得下所有的角色，當然演什麼像什麼！因為沒有罣礙與包袱。

那請祢好好照顧我的好朋友吳朋奉，讓他演幾齣好戲給祢看。喔對了！別讓他喝太多酒，他很瘋的。

人生戰場

——只有一個內心平靜的人，才有辦法讓自己的世界和平。

人類的社會其實和非洲草原沒什麼兩樣，一樣是有階級的食物鏈，一樣是大壓小、強吃弱，只是非洲草原要流血，人類的社會流的是錢。

非洲草原肉食動物吃草食動物，這是自然法則。而人類社會，有時候你不知道該扮演肉食動物還是草食動物……

⊙當「狼」還是「羊」？

可不可以兩個都是？例如，當一隻吃素的狼？

我聽過吃素的狗，還沒聽過吃素的狼。這應該違反祢創造這些生物的設定吧？

大自然的生物自然有其設定，但人類有自我轉變的基因在。也就是說，人類可以按照各自的需求，去決定要變成狼或是羊。

狼嗜血、人貪財，人人都想要富裕，但不是每一個人都願意像狼一樣地廝殺掠奪。是的，有人把人類的社會中分成狼和羊，狼吃羊，羊吃草，狼象徵強者，羊象徵弱者。狼掠奪，羊只能乖乖就範。狼占盡資源，而羊只有殘羹剩餚。

對這樣的區分，我本來也認為非常地扁平而粗糙。但活過了五十個年頭，我必須承認，這的確是人類社會的現狀。只是人類社會的狼，多半會偽裝成供給者、施予者、掌權者，但其實，看過他們檯面下的嘴臉和手腳的人，都會清楚地知道，他們的本質絕對不是溫馴的草食動物……

確實很多人不是吃素的！那是他們的選擇。端看他們人生的目的和靈魂藍圖的設定。先不談靈魂藍圖，你認為一個人如果選擇當隻吃肉的狼，就一定是壞的嗎？

不！我不認為狼一定是壞的。因為狼也是草原必須的存在，神創造任何生物，都有他的美意在其中。

是了！所以一個人選擇在環境中拚搏爭鬥，力爭上游；當一個努力獲取資源的「狼」，就無可非議了。

無可非議的情況必須是在：這隻狼並沒有傷害到其他的「羊」。

你認為這是可能的嗎？一個要把事業帶上高峰的老闆，也就是「狼」，他必須和眾多競爭對手爭取訂單。他搶到了訂單，就表示其他的競爭對手沒吃到肉，這算不算「傷害」？他如果對對手慈悲，自己的事業就要面臨倒閉或是寒冬，這是不是對自己的傷害？我問你，「不造成傷害」，這是可能的嗎？

不！要完全沒有造成任何傷害是不可能的。我同意鬥爭勢必要有一方落敗，不論是爭取訂單或是爭取資源。

如果老闆為了要準時交貨，讓工廠三班制二十四小時開工，導致員工失去了正常的家庭生活和健康，請問有造成傷害嗎？而員工為了一份收入，必須要配合公司，以致失去對孩子的陪伴，請問有造成傷害嗎？

我認為是有的！

但你們接受這樣的傷害。老闆不會支付「爆肝加給」，也不會支付「離親加給」。你們在衡量收入之後，決定對於這些傷害視而不見。直到孩子的心與你漸行漸遠，直到夫妻因為聚少離多而爭吵。你有沒有注意到，就算是「羊」，也很難不造成一些傷害！羊吃草，草也是有生命的。

但這整個遊戲規則是「狼」也就是老闆制定的，如果造成傷害，應該要歸咎的也是狼……那些員工也是不得已，被逼的。

你又在為羊——你心中的受壓迫者開脫。你們總認為，會當羊是被逼的，而當狼就不是，對嗎？那草就活該被收割？地球是用生命在支持彼此的星球。你們認為狼天生就嗜血、貪財，天生冷酷殘暴。

我實在地告訴你，商場上有許多的「狼」一開始都是羊，會變身成為狼，都有許多各自的原因。有可能是受了貧窮的刺激，有可能是遭人鄙視，有可能是耳濡目染……但也有不少是被環境逼出來的。他們可以成功地變身，說明了人類的潛能無限。那些還在當羊的，也都有機會變成一隻征戰商場的狼。

幸好是商場，不是戰場。

形式不一樣，但其實沒有差異，都是戰爭。你把狼譬喻成壓迫者，並不全然正確。

⊙人類無法「不戰爭」？

慢著！我是不是聽到了一絲祢對「狼」與「戰爭」表示認同的味道？

關於戰爭，我並不認同或反對，但我接受。至於狼，那可是人類的近親。

你會因為我這樣的表示，而認為這個神一點也不神聖嗎？我正在跟你談論「如何成為人生勝利組」，就事論事，有勝利就會有落敗，人生宛如一場戰爭。

我聽過人生是一場戰爭的說法，我以為祢會談些用光與愛、和諧和格局來讓人獲勝的方式。

我們之前已經談太多這一類的觀念，那是心法，但是你終究無法用愛發電不是嗎？明白了那些心法，有助於在世間行走得順利，但入世之後的問題，要用入世的遊戲規則解決。戰爭只是人類解決問題的一種方式，而武器則是一種工具。

我以為祢對於戰爭是持反對立場的，和祢對於惡的態度是一樣的……

我剛剛說了！我並不認同或是反對，我只是就我的觀察提出建議。

戰爭有許多形式，小到兩個孩子打架，大到國與國的征戰。「人生是場戰爭」或「商場即戰場」是譬喻的說法，雖然目的與動機不同，也都會帶來「輸贏」的二元對立，但戰爭的核心本質是中性的。它是一種解決問題的辦法。儘管說不上是聰明的。

它可以是真實的流血廝殺，也可以是一個具有哲學含意的譬喻。也只有不落兩邊的中性狀態，可以讓戰爭保有多元彈性的特質。

因為我知道，「戰爭」所帶來的智慧與超越，對人類的進化是有益的。從長久的人類歷史看來，每經歷一場戰爭，你們都從中學習和領悟到更多東西，像是愛，像是文化的保存，像是自由、平等，而哲學更是在戰爭之中萌生的問答。

至於科學因戰爭突飛猛進，就更不在話下。戰爭是啟動人類進步的鑰匙，那是人類現階段的狀態所必須經歷的過程。

很抱歉，人類還沒有進化到可以從過往的戰爭歷史中學習到「不再戰爭」的智慧，甚至還談不上「和平」，以至於你們仍需透過這樣的方式去獲得進步，甚至將戰爭的意識滲進你們的生活中。

在國與國的戰爭中，盡管戰後讓你們進步，但戰爭中的破壞、死亡與失去，讓你們恨惡戰爭，以至於一提到戰爭，許多人就產生抗拒排斥。

任何事情都有兩個面向，帶來壞的也會帶來好的，戰爭也是如此。人們現在逐漸進化到希望獲得進步、避免戰爭，而地球上各國的政府也確實有朝這個方向努力。不然，以目前地球各國的軍備，第三次世界大戰打到一半，地球已經毀滅了。

我可以理解從神的視角來說，地球上的戰爭都只是一種「存在的狀態」。但那是人類社會結結實實的創傷痛苦。就在我們談論戰爭的這個主題當下，俄羅斯對烏克蘭開戰。我看見戰爭造成的傷亡和流離失所，我看見炮火下的百姓哀哭悲泣。地球上人類的和平，真的是遙不可及的嗎？

祢上面的話，像是在為戰爭做辯護，除了我，我相信有很多的讀者也會感到疑惑：「為什麼一個神居然也會認同戰爭？」

再說一次，我並沒有「認同」戰爭。事實上有許多解決爭端的辦法，戰爭只是最後的手段，但它依然是一個解決爭端的辦法——屬於你們這個物種在這個階層的辦法。

如果人類的視角層面可以擴大到「人同此心」，則即便權力或利益的失衡，都不會造成流血衝突。但很可惜，可以做到「人同此心」，而用愛與包容去面對、用溝通與協調去處理的人太少。

因此，你們的立法院可以每天爭吵，甚至展現行為暴力，你們的街頭可以出現流血抗爭，你們的心中可以上演各種鬥爭的劇本，小到辦公室的角力，大到政黨的鬥爭。

我們在前三冊談到不少關於愛與包容的觀念，不過這似乎對於某些人、特別是從政的人，不太有用。特別是極權政治。

你認為他們相信的是頭腦和權力，還是愛與包容？

我認為是前者。我甚至相信，當他們凡事愛與包容，根本在政壇上無法生存，很快就會下台消失。愛與包容似乎是屬於宗教的領域。

政治，是鬥爭的學問，民主政治和極權政治都相同。政治不是講光與愛的地方。即便是宗教，談光與愛也需要有「實力」作為後盾。政治只有在實力的後援下，光與愛才能作為施惠的表現。

所謂「政治是管理眾人之事」，只是表面上的說法，實際上的政治，就是鬥爭與黑暗、權與利的交響曲。不管是「內鬥」還是「外鬥」！

人類如果不能從內心真正地感受到愛的力量，並且使之發揚，那麼鬥爭就會成為人與人、國與國的日常。

如果政治就是一場鬥爭，你認為在鬥爭中，最重要的一件事是什麼？

保護自己！就像是在戰場上一樣，如果一名士兵不懂得尋找掩護、保護自己，而輕易地喪命，那麼殺敵衛國也不用談了。

正確！那麼，當利益的鬥爭出現了失衡，讓一方失了面子或是裡子，你覺得會發生什麼事？

政治上的鬥爭還可以有理說理，當有理卻說不通，我想那就只有「另闢戰場」開戰了。

所以「戰爭」便會出現，各種形式的戰爭！

戰爭，是人性在「政治」之後的延續，是政治的另一個「舞台」。

政治上「做與不做」、「裝與不裝」、「鬥與不鬥」、「合與不合」、「打與不打」，都是由「利益」在決定決策的方向，而民眾的生死並不在考量的範圍。

所以，「不懂政治是什麼」的老百姓，真的最後有可能會被政治玩死……我現在知道，真的如某立委說的「政治是最高明的騙術」，而百姓就是被欺騙的對象！

鬥爭當中，「欺騙」只是一種手段，而當欺騙的人最後騙過了自己，就難以避免地完整活在騙局中。從政的人其實心知肚明，只是已經難以收手。

請你告訴我，如果為政者上下都在「爭利」，則「爭」已經成為為政者的中心思維，在這樣的中心思維導引下，一旦心中計算出可能危害到自己的地位和利益，戰爭最後能夠不發生嗎？不管是兩個人從辦公室爭吵到法庭，或是兩派人馬走上街頭嗆聲，甚至是兩個國家的兵戎相見。

你們到處可以見到「戰爭」的發生，卻看起來只對於飛機、坦克和飛彈的「明火戰爭」有感覺。

你們如果不除去心中的好鬥因子，不真正「用心」和平溝通、將心比心，卻只希望沒有任何形式的戰爭和流血衝突，這樣不天真嗎？

不管哪一個政黨，所有那些反對戰爭（任何形式）的人，如果你們真正熱愛和平，請先從自己的內心開始，只有一個內心平靜的人，才有辦法讓自己的世界和平。當內心平靜的人夠多，地球就會是一個和平的樂土。

我認為祢這些話應該去跟某些國家或政黨的掌權者講。他們才是真正需要內心平靜、需要「用心」的人。

一個內心有平靜的人不需要追尋權力。但一個擁有權力的人卻需要真正的心靈平靜，而非只有一顆聰明的腦袋。

只要有夠多的人持續地傳遞這樣的信念，就會引動握有權力的領導人開始改變。從個人到家庭，從辦公室到政府。

我認為地球之所以無法和平，就是因為「權力」在作祟。而「政治」便是「權力」展現的地方。為了獲得或維持權力，政治裡充滿了黑暗。

一個「真心」為老百姓做事的人，根本不會在乎他做的事情是不是有人記得；一個不在乎權力的人，自然也不會在乎名聲。於是更可以用大是大非的態度，大開大闔地「做實事」。他們只會在乎社會是不是更進步、百姓是不是過得更幸福。

你說的是，但在你們此時的社會上卻不實際，在講究實力的社會上，這樣的人屬於鳳毛麟角。沒有實力，怎麼做實事？這個社會的問題在於：有實力的人不想做實事，有心想做實事的人卻缺少實力。二者兼有的人太少、太少了。

所以我們的合作很重要，我們在創造有實力也肯做實事的人。

我很榮幸！

⊙「入世」的實力

祢剛剛提到的「實力」意思是什麼？

我們這本書談論的「人生勝利組」他們所擁有的是：金錢、權力、地位、名聲。這四項構成你們社會上公認的「人生勝利組」，也就是剛剛說的「實力」。

抱歉！我以為你會說出實力就是「心靈能量」、「心靈意識」這一類的話……

請不要因為我說出了如此「世俗」的觀察而感到驚訝，這也是你們每一個人知之甚詳的事實，一點都無需自欺。

這四項可以再濃縮到一個：金錢。金錢在人類的社會已經成為神，可以「創造」出另外三項。

金錢是中性。既不善也不惡。既可為善，也可為惡。獲得足夠金錢的人，必須要有足夠的「心靈意識」才能善用金錢，否則金錢堆積出來的物質和後面帶來的名聲與地位，都將只是空中樓閣。

富強的社會不是問題，問題在於富強之後的表現。如果在經濟實力富強之後的態度是缺乏心靈意識的，那麼倨傲我慢、物欲橫流、紙醉金迷，就會變成侵蝕心靈的毒液。窮到只剩下錢的結果，就是被金錢毀掉的自己。

所以這回祢不只要親自教我們入世，還要富有；不只富有，還要善用財富；不只是活著，還要活得很滋潤！

這難道不是許多人在禱告時祈求的嗎？這難道不是許多人在祭拜時的渴望嗎？這是許多人的心聲，它並不可恥，也很必須。許多人正是因為沒有這些讓人活得滋潤的「實力」，或是「實力不足」，而沒有辦法超脫世俗之苦，領受更形而上的境界。

我只擔心有人在「滋潤」中會變得更虛浮……更迷失在紅塵中。

那些曾經在底層吃過苦頭的人，一旦讓他成為「人生勝利組」，他回首來時路，會懂得珍惜。不懂珍惜的難免會掉回去，過得起起伏伏，而起起伏伏的生命過程，就能教會他許多事。隨著歲月的推移，他開始會去尋求讓人生穩健的要義，怎麼樣都勝過低迷的人生。

掉回去……讓人爬上井沿看上一眼又掉回去，是很殘忍的……

掉回去再爬上來，天堂地獄來回個幾趟，也就開悟了！你放心！沒有人會錯過神的。人世間的一切最後都要結束，重點是當中的過程。

迷失，從更大的層面上來說，也只是繞個圈子而已。我有足夠的耐心讓人繞圈子，而你們有足夠的輪迴次數可以繞圈子。所以，何妨來一場驚心動魄的壯遊？

我覺得我正在這場壯遊當中……

天堂人人愛，但你得先把人間過好過滿。人間的經驗不是只有「苦」，我也安排了許多的「樂」在地上，人們如果尋不到，必定是因為少了方法；至於道路，可以有許多條，一條不行還有另一條，但方法的核心是不變的。

我來教導被你稱之為「入世」的方法很恰當。如果不能「入世」，你如何能夠獲得「出世」的能力？

只有當一個玩具你已經玩膩了，你才會心甘情願地放下它，這個過程正是人們前來世界的原因之一。

祢知道嗎?祢又準備被人說是魔鬼了……

你認為我會在乎嗎?人類很擅長把魔鬼誤認為神,又把真神當成魔鬼。

我對於神要親自教導我們成為「人生勝利組」感到很興奮,但我也確實覺得,這一回祢似乎「降維」降得有點大,祢對於戰爭表現得似乎很……

不置可否嗎?是的,戰爭是結果,而引發戰爭的核心在於「人心」。與其譴責戰爭,該從「人心」上去入手治根。

對於世上的戰爭,我不置一詞,那並不表示我不關心。我就我的觀察提出事實,既不鼓吹也不阻止,那是你們人類自己的事情。總有一天,你們都會進化到不需要戰爭,但不是現在,還不是。

關於教導你們如何成為「人生勝利組」,後面還會有更多讓你驚訝到掉下巴的論述。

神是「全維度」的視角,我充滿彈性,隨需求改變。如果你跟一個五歲的小男孩說話,會自然地用疊字，自動的「降維」，那麼神對你們說話，自然也需要如此。

如果神要教導你們些什麼，卻不能用你們能理解、能接受的方式，那麼這個神是不及格的。我必須要讓你們真切地體認到，生命過程中，心靈和外在的各種高和低，你們方有不枉此生的感受。

我不奇怪你們會誤解我。在你們目前大多數的人當中，和平已經成為一種普世價值，但是和平的方式卻是你們仍在探索的。「人生勝利組」已經成為一種共同信念，但是卻有太多人未曾經歷。

人類是還在演化中的物種，必須要透過不斷輪迴，在二元對立與廝殺中，去學到超越戰爭的智慧。

很遺憾，在目前這個階段，戰爭，各種形式的戰爭，仍是你們探索和平的一個方式。所以我說戰爭是解決「和平」這個問題的一種方式。

但不是唯一的方式吧！

當然不是！直到你們的為政者都可以將利益和權力放下，或是將心比心地運用權力去謀求真正的和平，那才是人類最大的利益。

祢對於為政者的期許何其高，在他們「覺醒」之前，地面上還有很多的炮火等著要屠殺人類……

從政者發動戰爭，往往是有更深的心理因素，這個心靈的困境，讓他們必須要透過外界掀起事端，好獲得自身的發洩與群眾注意力的轉移。但是他們一定不會承認。

沒有例外的，宇宙間只有弱者才會主動攻擊。真正的強者不會主動打擊他人，真正的強者會尊重、會施予，或至少如如不動。

那些發動戰爭的人，可能是因為國內的政局不穩，可能是貨幣政策失衡，可能是民心思變，這些都可以讓主政者發動一場戰爭來轉移焦點，以維繫政治生命和權力。

這個世界需要很多充滿光與愛的從政者，但他們可能因為不具有政治「實力」，最後會很容易失去政治光環。

政治是一種講求實力的鬥爭。政治裡頭如果沒有實力，則光與愛也保護不了你。每一個從政者都很明白這一點，因此他會運用頭腦，並且展現實力，在政治的角力中隱藏他的「光與愛」。

如果他有的話。

是的！如果他只有「光與愛」也是不足的；而如果他有實力卻不用，那更是不智的，最後就會淪為政治失敗組。

嘖！人類的社會怎麼會變成一個講求表象的利益與權力，卻不讓心靈內在真實的力量成為主導……那些愛、包容、接納、理性、溝通……

因為很多人還是活在「表象」的層次中，忽略心靈的力量。並且選擇以這些表象的呈現，做為自己的「實力」；然後拿這些「實力」來鞏固自己的力量，而非造福他人。

既然無心造福他人，那些「心靈的力量」自然也不會表現於外，而是隱藏起來了。這樣的人在這樣的意識階段中，也不會發揮心靈的潛力。

一個人忽略心靈的力量，這明顯是一種自欺欺人！

你說對了！人類其實是一種活在自欺當中的物種。

所謂的覺醒，只是決定不再自我欺騙。

⊙和自己心靈的戰鬥

我看著遠方戰火的新聞，痛徹心扉。我為人類的愚蠢感到悲哀！

請收拾好你的感性，超然以待。戰爭發生在勝負未定之前，它只是一種人類選擇出來的行為和表現。

對，透過少數人的選擇。透過殺戮。

這些「少數人」是從多數人的安靜和姑息中生出來的。「戰爭」也可以不殺，如果你懂得「升維」戰爭的定義。

不殺？當吃素的狼嗎？即便如此，也一定會造成傷害。

生存的鬥爭，必然不可能兩全，地球是「用生命在支持生命」的星球。

是透過生命殘害生命的星球吧！

不！我只是在告訴你，你可以不必一直當羊。我只是在告訴你，你們有著「羊」的溫和和謙遜，也同時具有「狼」的潛能和特質，你完全可以按照當下的情況，做出選擇要扮演哪一個。

一定要選邊站嗎？如果要當「人生勝利組」。當「人生勝利組」就一定不能避免爭戰嗎？

既然稱之為「勝利組」，那麼「勝利」是在征戰、鬥爭、戰爭、戰鬥（隨便你怎麼稱呼）中出現。

是的，要成為「人生勝利組」，無可避免地要進行某種戰鬥。先是對自己心靈的戰鬥，再來是面對世界力爭上游的戰鬥。我們在這裡談論的是「和自己心靈的戰鬥」，並不是外在血流成河的廝殺。

如果你談的是「心靈的戰鬥」，我會比較好受一點，因為我並不希望我熱愛的神成為一個戰爭的鼓吹者。

你誤會大了！你一直沒有弄清楚我要談的重點。你把重點放在「狼」與「戰爭」上，但**我所說的「心靈的戰鬥」只是「認識你自己」**。只有認識你自己的本來面目，你才可以體認到，不必一直當羊或是狼；只有認識到自己同時具有「狼與羊」這兩個面向和潛能，你才能游刃有餘地發揮自己的力量，並且在這個「仍需奮力鬥爭」的人類社會裡異軍突起、出類拔萃。

記錄到此，我感覺這一次的對話，神似乎充滿著「戰鬥力」，連「異軍突起」都用上了……

當我站在你們的視角，我必須要提出「於你們當下有用的觀察與建議」，而非崇高卻不切實際的觀念。

這是一本「符合人類社會、入世而落地的指南」。我不是沒打算用一個夠高的格局來闡述，而是為了要讓更多人可以明白。

我懂，祢降維了。感謝祢不但紆尊降貴，而且用我們能懂的方式說明。入世！

紆尊降貴？我是「降維」，但我並不「貴」，也不「賤」。我和你們一樣沒有貴賤之分，貴賤完全是世俗的論斷分別。

一個創造宇宙的神和一個打造家庭的人，用的都是一樣的心，都是心神的力量使然。貴賤和強弱只是人間的看法。請與貴賤的分別觀切割開來，每一個人都是熠熠生輝的靈魂。正是因為有了貴賤的分別念，才有了人間「狼與羊」的選擇。

如果一時除不去世間的分別念，那麼，做出選擇吧！

你們不需要為自己或他人分貴賤，但是一定要清楚自己所在的位置，並且為自己要扮演的角色做出選擇。

在我個人粗淺的觀察中，即便是中下層的社會，有「狼的本質」的人依然不少，他們也壓迫著同溫層裡的「羊」。

各個階層都分布著「狼與羊」。而低階層的「羊」，更容易成為「狼」消費和捕捉的對象。

人類歷史中，那些本來被壓迫的人後來選擇揭竿而起，透過戰爭推翻壓迫者，就是「羊」的反撲。如果他們不具備「狼的特質」，要怎麼做到呢？

在各個階層當中，都有覺醒的「羊」對自己喃喃自語：「原來我不用當一輩子的羊！」而變身成為勇猛奮進的「狼」。

這種被稱之為「反轉階級」的故事，為人所津津樂道。現在你可以知道，在人的身上，確實有著「變身」的潛能。

是的，由「羊」變成的「狼」，直到自己也成為壓迫者，再被下一批「羊」變成的「狼」推翻……

人類的歷史就是羊與狼的轉換。變來變去都是這樣的模式，東西方都一樣。「權力」比毒品、春藥還要教人銷魂，只要嘗過就不願放下，直到……

直到人類學會對權力的釋放，那個時候沒有人需要再當狼。只要地球上還有權力存在的一天，羊和狼的戰爭就會持續。

這個二元的狀態，無解就是了。

二元的目的是為了平衡，因為二元即是一體。這個世界不會全部是羊，也不會通通是狼。但是每一個人都可以自由選擇要當哪一方。

這種「狼與羊的轉換」，會因為地球上「權力」的持續存在而加速嗎？

那要看權力在誰身上。如果權力落在「狼」身上，已經明顯導致失衡，那麼就會加速「羊」轉換成為狼。就像工會透過罷工，來表現對於勞資不平等的憤怒。

當一群羊集合起來，就會變成銳不可擋的巨狼……就像這次烏克蘭的民眾，誓死抵抗俄羅斯的侵略。

所以團結很重要。可惜的是，按照人類目前社會的現況，大概只有外星人攻打地球，才有可能出現人類大團結。這也是為什麼，那些「狼」可以在各個領域橫行無阻的原因。因為每一隻羊都自以為是，一邊不認為自己是羊，一邊又幹著羊的蠢事，所以可以讓「狼」操控，或是被「狼」各個擊破。

如果可以選擇，你想當羊還是狼？

這個問題有陷阱，我不會上當的。以前我會陷入二分法的泥沼，認為一定要選邊站，而現在我會回答：「看情況。」

「該」當一隻配合度高的羊的時候，我會當一隻乖順的「羊」；而當情況危急到生存或是需求迫切的時候，我就會選擇當「狼」。

你居然會願意「配合當羊」！真是令我意外，這不太符合你的本性。你的本質不應該是個聽話的「羊」……

難怪我過去總是長期的活在逆境中！難道我的本質真的是狼嗎？

你只要問問你自己，在社會體制的制約下、在家庭倫理的約束下，你是不是總是有「不對勁」而想反抗的感受？

如果是，那麼你已經知道你的本質屬於哪個。通常讓你感覺不對勁或怪怪的地方，多半就真的有古怪之處。但是本質是「羊」的人不會察覺，他們只會傻傻地配合。而本質是「狼」的人如果未覺醒，也只會感到奇怪，然後「勉強」配合。於是乎，很容易感到焦慮、痛苦、憂鬱、不快樂。

這個世界很多人活在焦慮與憂鬱中的原因，是因為「不認識自己的本心本性」，又活在一個完全不是他自己的狀態裡。

這是為什麼呢？一個人到底是怎麼樣可以忘記自己的本心本性，活出不是自己的樣子？

東方的孩子從小被教育應該如何、不應該如何，都是被教導著去配合這個世界，配合這個體制，配合周圍的人，配合長官、父母、老師。在東方的教育系統裡面，不太會去為孩子建立屬於自己的價值觀，發揮自己的潛能，建立自己的自信，並且創造出一條專屬於自己、獨一無二的道路。

簡單地說，你們的教育並不鼓勵孩子們「做自己」，這其實是受到中國儒家思想文化的影響。

原來祢對儒家是有偏見的啊！

如果你在我的視角，所有的一切都「偏」不了。

儒家是人類在自由意志之下發展出來的、一種適用於封建社會體制的思想觀，最後在歷史的推遷之下，形成集體意識。這一份集體意識最後造成了「羊」群遍地，資源只在少數的「狼」中被把持。如果今天要翻轉這樣的狀態，我有必要將形成這個狀態的原因加以說明，既然我們是要帶領大家成為「人生勝利組」。

⊙認識你自己

好！請繼續。

如果你帶著一份清明的頭腦去閱讀儒家的思想，你會發現，儒家的思想是非常入世而且極具功能性的。他藉由一套父父、子子、君君、臣臣的思想體系，去維繫一個封建制度之下的政體，以及封建體制下的家庭。

在民智未開的封建時代裡，這一套思想很管用，它確實綁牢了人和國家以及家庭之間的關係，所以儒家思想在中國幾千年的歷史以來，一直被皇帝所採用。這一套制度系統，把每一個人都變成了心甘情願為家、為國奉獻的「工具人」（羊）。

所以你會發現，東方人教小孩第一個重點是要你「聽話」，而不是要你「思考」。「聽話」其實就是封建遺毒，「聽話」就是對不思考的工具人（羊）的初階訓練。

如果你是一個「工具人」（羊），你怎麼會找尋得到自己生命的價值和意義呢？

所以我們「不是」忘記了自己的本心本性，我們原來都是被控制了，被「刻意」往工具人（羊）的方向訓練……

真實的自己先是「被隱藏」，然後我們自己又「被催眠」，以致將真實的自己往更深的角落拋棄。難怪「服務他人、孝順父母、為人著想、犧牲奉獻」這類的說法，會在這個社會變成風向正確並且不被懷疑的論述，而「認清自我、做自己」就會被認為是自私與狹隘，因為和主流意識背道而馳。

這個世界不希望你太認識你自己。在東方，「認識自己」向來就是一個隱晦的禁忌，就算沒有禁絕，也不會被鼓勵，這樣執政者比較好操控人民，而掌權的「狼」和鑽營的「郎」也才有可乘之機。但傻笨又不認識自己的「羊」，從來就不該是人的本來狀態。

人的正常功能是生活，而非生存，只有讓你成為「工具」（羊），你才會汲汲營營為了生存而打拚，就像羊必須「不停的吃草」。

但如果這個「工具」（羊）一旦覺醒，了知自己不只是個有血有肉、而且是有知有覺的人，當他開始為自己而活，他才開始真正進入了「生活」。只有真正在生活的人，可以品嘗生命的甘美。

我一定要讓大家知道，怎麼走出工具人（羊）的框架！

先從自己開始吧！如果今天你想要讓自己走出框架，你首先要知道你自己的信念和價值觀是怎麼樣的；也就是說，你必須要徹徹底底地檢視你自己的內心，然後更進一步地去了解，你所生存的這個世界和周圍的人的性格。

你要很清楚知道你的優勢在哪裡？天賦在哪裡？弱點在哪裡？底線又在哪裡？

我怎麼能知道他人的性格呢？

透過認識你自己，因為「人同此心」。你們都是一樣的種類，在相同的環境中生活，有著相似的信念與價值觀。像是「己所不欲，勿施於人，人之所欲，施之於人」。

具體的作法是什麼？

請你先靜下來「觀照你自己」，仔細思考與分析你過去所學到的那些東西。凡是你覺得不適於你的信念、過時的價值觀，或使你感到受傷的、你不喜歡的，或任何不符合你價值觀的，通通拋開。

請你用一種夠高的格局、第三人的視角，寫下「我是一個怎樣的人」。寫下來是因為，你必須要對你自己有一個透徹了解，進行深度的檢測：「我是一個什麼樣的人？我是一個什麼樣的人？」你需要巨細靡遺地用很長的篇幅、很長的時間，寫你自己這個人。

要是那人不擅長文字呢？

那就用語言、繪畫、音樂，或任何可以表達自己內心世界的方式，去讓內在的自己出現。如果一個人打算活出真實的自己，內在的存在就必須要有個出口。

我知道許多人早已忘記了，在自己裡面還有一個真實的自己等待被喚醒，整天忙活在職場和家庭間，或是投入情人的懷抱，用忙碌來逃避迷惘，用遺忘來驅趕徬徨，用麻醉來紓解焦慮。

如果一個人會迷惘、徬徨、焦慮，那多半意味著：他對自我的認識以及對周圍環境的了解並不深刻。這其實不能怪他，因為這個世界其實早就和你們被教導和要求的不同，所以很多人會產生認知上的落差。

我們該如何脫離這樣的狀態？儒家思想已經深入許多人的骨髓，也不是一時半刻可以扭轉。

不用扭轉他們，但要讓新一代的年輕人知道這樣的社會狀態。我的建議是：「當一隻披著羊皮的狼」。

什麼?!祢再次嚇到我了！我這還是跟神在說話嗎？

你又被從小的思想制約了！這句話長期以來被以負面的解釋存在你們的潛意識。「披著羊皮的狼」、「狼來了」……這些故事和俚語，讓「狼」在你們的心中被貼上了負面的標籤。

「披著羊皮的狼」就是虛偽和奸詐的意思！祢要我變成一個虛偽奸詐的人嗎？上一冊祢還

提到要「真誠示人」……

你先不要激動，聽我慢慢解釋。「披著羊皮的狼」在目前人類社會普遍存在、隨處可見，但沒有人討論，也不太會有人承認。

「披著羊皮的狼」虛偽奸詐嗎？一個真正「披著羊皮的狼」不會擔心被人看穿，也不介意被品頭論足。他不認同他人任意貼上的標籤，也不會賦予那些評論力量。

這層「羊皮」挺厚的。

「披著羊皮的狼」走自己的路，他清楚自己是誰、能做什麼。

最怕的是明明行為上已經選擇當「羊」，卻在心理上渴望吃肉；或是其實已經打定主意當「狼」，卻在不該的時候當個吃素的傢伙。這樣的「選邊站又不甘願」的人其實是最痛苦的。

你要讓自己成為狼與羊的混血——「披著羊皮的狼」，就是「內狼外羊」。

「披著羊皮的狼」事實上正是用「儒家模式」去破除「儒家思想」的遺毒。

儒家講究「內聖外王」，「內聖」指的是內在具有儒家所說的聖賢之道，「外王」說的是帝王之術。而「內狼外羊」與「內聖外王」都是內外兼備、心術兼修、表裡合一的修練，只是前者又更高一籌。

表裡合一？你誤會了吧！

所謂的「表裡合一」並不是內外在都趨於一致，而是將內在的觀念與心法，透過理解與平衡，用中道的方式呈現於外在。

照祢這麼說，「內狼外羊」與之相較，儒家「內聖外王」的兩手策略就顯得粗暴而拙劣了。祢知道嗎？即便儒家確實是用兩手策略創造了許多的羊群，這畢竟已經是深入骨髓的價值觀，一時之間要讓「狼的本質」覺醒並不容易，我自己都很難被說服。

你不用被我說服，你只要去觀察，就可以知道狼與羊各自的狀態、成因，和在社會分布的現況。

翻轉階級、扭轉命運需要「覺醒」。

在儒家的觀念之下，許多的「羊」活得無知而溫順；許多的「羊」感覺這個世界不太對勁，卻又說不出來；許多的「羊」想要扭轉命運，又找不到著力點。

我們正是來協助他們一臂之力。每一個時代都有適合於當代的行事準則，我藉由闡述這個現實的狀況如何產生，帶動他們的思維，並且提出適合於他們的建議。

這是一本寫給「想扭轉命運的羊」的書。

這是一場「翻轉階級的心靈革命」。

⊙狼的本質

儒家思想對於歷史造成的影響，我研究了一下，我發現確實如祢說的！祢是對的！

儒家思想是帝王心術的兩手策略。一手用父子君臣的倫理規範你，用道德禮教約束你，讓你遵守忠孝節義，表現出被愚民之後的溫良恭檢；另一手則雷厲風行地以各種手段攻城掠地，道貌岸然地假情假意，虛與委蛇地鑽營苟且，然後大大方方地收割百姓。

你會這麼說，是因為你已經不是愚民。愚民的目的在於，不要讓太多智者出現，因為人民一旦有了智慧，就會不好管理，容易作怪。所以古代的教育不普及，其實是刻意的，人民只需要知道上面要他知道的即可，其他可以讓他思考、產生智慧的知識，只有很少數的人可以獲得。

現在，只要讓這些不知不覺懷抱著儒家觀念的「羊群」可以覺醒，讓他們內在潛藏的「狼的本質」啟動，他們的人生就可以得到翻轉。

中國施行儒家幾千年了，「XX之治」並不多見，雖然取了一個無害的名字「儒」，但卻發揮人性中狼性的本質，只是表現出和善與仁義的外表，然後稱之為「仁政」。「人」普遍有著「狼的本質」，儒家也只是這份「狼的本質」一部分的發揮而已。

確實具有「狼的本質」不是只有儒家，可以說各家都有，而儒家也並非各個都把「狼的本質」發揮到極致。

儒家只是作為一個在歷史層面上影響較大的代表。事實上，「狼的本質」是每一個帝王、高官和社會位階趨向高端的人，都需要明白並且運用的力量，和是不是儒家的信徒無關。「披著羊皮的狼」其實就是當一隻「溫和的狼」。

「溫和的狼」？有這樣的動物嗎？

所謂「溫和的狼」可以吃肉，也可以吃素。他隨環境變化調整自己的需求。當他在取勝的時候，可以超然崇高；當他在低谷的時候，也可以蟄伏沉潛。

他將外在的羊皮披上的時候，可以遊走穿梭在世人面前，但內在「狼的本質」，使他不受到言語的傷害和世人的論斷。

祢將「狼的本質」說得很崇高，我卻有一種血淋淋撕開人性醜陋面的感覺，彷彿「人性」裡安放的就是「狼的本質」。

人性包含許多面向，「狼的本質」只是其中之一，卻是可以幫助你立身處事、安身立命的特質。

你的質疑來自「身為狼就要獵殺和進行欺騙」，而這似乎是醜陋的。你不願意自己變成那樣，對嗎？

是的。

在商場上的戰鬥中，「獵殺」意味著贏得訂單，這樣的獵殺不是「殺」，而是藉由創意創造雙贏，皆大歡喜。

在商場上的戰鬥中，你們用「包裝」來取代欺騙。有些行銷的包裝手法拙劣，讓人一看皺眉；而有些「包裝」的手法卻讓人心生喜悅，樂於買單。

顧客被你的商品和行銷創意吸引而開心地付錢，如果用戰爭的術語來說，就是「一擊斃命」。就「獵殺」來說，他會「死得很舒服」。

但那些懷揣著真正的惡意與欺騙的商品和行銷手法，也參雜在廣大的消費市場裡，這難道不也是「狼的本質」嗎？喔！還有「掠奪」式的經營行為……

不！這些都不是「狼的本質」，而是人性裡「自我貶抑」的表現。狼是很驕傲的，牠的狡詐只用在保護自己，而非用來獲取食物。牠甚至不屑用欺騙或掠奪的方式。

只有一個自我貶抑、價值感低落的人，才會用欺騙與掠奪的方式行走世間。他自認自己不值得、沒有力量，才會用不值得和毫無力道的方式去獲取他要的。

一個人的外在世界是內在心靈的投射，一個人心是如何，結的果子也是如何。

除非他開始願意提升自己，讓自己值得，讓自己升維，否則「欺騙」將會成為他為了生存不得不為之的事。這樣的人當他內在「狼的本質」覺醒，他會看見自己內在的力量，而不再需要行欺騙與掠奪。

「狼的本質」在祢的說明之下變得好高尚，相較之下，人性顯得醜陋了！

人性醜陋嗎？不！醜陋的只是遮蔽內在光輝的表象。當我說明完，你會清楚地明白，為何發揮「狼的本質」，才是策動生命潛能的方向。你們的詫異和難以接受，是因為你們其實不懂「狼」。

在人類的歷史中，「狼」被賦予許多壞名聲，以至於人們聽到「狼」，自動地會給予負面的評價。但其實「狼」是自然界中演化程度相當高的生物。而之所以「狼」會在人類社會中被高度的負面評價，只有一個原因：牠們太像人了！（「狼」與「郎」此二字同音，你們認為是巧合嗎？）

牠們懂思考，在生物的本能之下，可以進行分析和判斷，也有極強的記憶力，所以牠們會避開許多的陷阱和危險的處境，以至於人們認為狼是多疑和狡詐。其實人又何嘗不是？人懂得趨樂避苦，也懂得趨利避害。

祢的意思像是說：人類對於很像他們的生物，如果不能馴服，就會貼上「壞」標籤，以證明自己優於對方。

人類很驕傲，不是嗎？而狼也是。人類有很多的優勢，所以讓自己可以主宰地球成為霸主；但「狼」身為人類口中的野獸，卻有著許多被人類驚嘆、但逐漸從人類身上消失的特質。

這些驕傲的人類一邊驚嘆一邊恐懼：「這種有著聰明智慧的生物，必須要被排除在人類的生活圈外。」除非，牠們被人類馴服。

但狼無法被人類馴服，與其說無法，不如說是不願，因為牠們的內在本質太像人。

除了人類自己可以馴服人類，大自然裡的狼是不會臣服於人類的。於是人類開始讓牠們聲名「狼」藉。

歷史一長，狼的負面形象就深植人心，但地球上大概就數「狼」的特質和人類最接近，甚至某種程度來說，還是人類的近親。所以當我說「內『狼』」，其實並不是開玩笑，人類的骨子裡有著「狼的本質」。

你只要比對一下歷史上開疆闢土的帝王和功成名就的企業鉅子，都可以在他們身上找到「狼的本質」。他們剛硬、倔強、頑強，面對誘惑不為所動，面對強權毫無畏懼，面對危機會運用智力，面對摯愛又溫柔備至。

人類的歷史就是一部戰爭史，而戰鬥是狼的日常。狼會運用智慧，避免直球對決的戰鬥，巧取而不豪奪，這是牠們保存實力的方式。當情況必須戰鬥時，牠們也不怯戰，會用全部的生命去盡力取勝。

狼遵從生物的設定以及叢林法則生活，牠可以在險惡的環境中，靠著忍耐蟄伏著而生存下來，這和人類在艱苦中存活很像。

人類會被各種誘惑蒙蔽良知或感官，狼不會。狼的機敏和靈巧，使你無法用同一種陷阱重複地補到同一隻狼——如果第一次被牠逃走，牠絕對不會再上當。人類卻很有可能會一而再、再而三的犯錯。對狼來說，犯錯是生死問題，不可重複。

狼被認為是兇殘和貪婪的動物代表，這也是人對狼的普遍印象。事實上，狼並不貪婪，肉食動物普遍沒有「庫存」的觀念；相反地，只有人類會為了利益而大量殺戮。所以到底是誰兇殘呢？

人們對狼的兇殘評價，大概來自牠們戰鬥時一副「不怕死、豁出去」的印象，不管對手是一隻老虎還是一隻熊，牠們戰鬥時毫無畏懼、永不退縮。

面對生死之戰，狼的心中沒有認輸這回事；但是回到狼群，再兇殘的狼也不會傷害同類。比起人對同類的傷害，狼的高度明顯有了對比。

除了人類，身為食物鏈的最上層，狼沒有天敵。而且狼群內有著秩序井然的階級制度，即便是一隻落單的狼，也有著孤狼的行事風格，絕不搖尾乞憐、趨炎附勢。

狼的對手是整個生存的環境和牠自己，牠每天進行著和自己的戰鬥，突破自己的極限，也每天在險惡的環境中求取生存的空間。牠們可以被生存環境限縮和壓迫，但牠們不會放棄和退縮。

聽祢這麼說，「狼」真是一種了不起的生物，我感覺身而為「郎」真是輸給「狼」。但是要像儒家一樣表裡不一、假掰地活著，我也覺得很痛苦。

你之前不是也同意，人活著行走世間，有戴上面具的需要嗎？那麼披上羊皮吧！你早晚會找出平衡之道。

儒家為人詬病的地方在於：一面舉著道德的大旗，說著許多自己都做不到的觀念要求別人，一面自己做著完全相反的事。不可諱言，這的確對於封建時代的治國很有效，但現在資訊流通發達，已經不合時宜。我們取其精髓，把這樣的觀念去蕪存菁，用在做人做事上，你可以收事半功倍之效。

「披著羊皮的狼」並不是要你像儒家那樣表裡不一，只是要你外在表現出謙和的態度，但是裡面要有狼「不服輸、不退縮、豁出去、不怕死」的性格。成功地融合這兩者，你將可以安穩地走在這片土地。

這個世界並不希望你「狼的本質」覺醒，特別是掌權者和制定規則的人，他們希望你認輸、臣服、退縮，當一隻乖順的「羊」，做事方便，收割也方便。

而如果你是一隻「披著羊皮」善於表現謙和柔軟的「狼」，對他們來說便是棘手的。但是當內在「狼的本質」覺醒，請你千萬隱藏好，披好你的羊皮。只在必要的關鍵時刻出手。

如之前所譬喻的，人生是一場戰爭，如果你要在人間成為「人生勝利組」，請你成為「披著羊皮的狼」。以羊的姿態行走世間，但知道自己內在有著「狼的本質」，在羊皮之下有著堅忍不拔、永不退縮的鬥志，在頭腦裡有著靈巧變通的心智，在靈性上有著浩瀚的愛。

「披著羊皮的狼」其實既不是狼也不是羊，既可以吃肉也可以吃素，是一個融合二者的全新品種。他可以審時度勢，精準地研判何時該展現柔軟的羊毛、何時迅速出擊。

心靈戰士

——外面不只沒有別人，連敵人也沒有！

這一冊的內容和前幾冊的差異太大了！我簡直不敢相信我自己的手所打出來的字……

透過歷史的脈絡，去了解之所以會達不到「人生勝利組」的原因，然後提出改變的方法。這些方法和價值觀，可能和過去你所接觸到的有所衝突。但我要請你換一個方向思考：「眼下無法突破的困境，有沒有可能就是因為被過去的價值觀滯礙住了？」

不管你得到的答案是什麼，在你先入為主的想法之前，都請持平地看待這裡所說的內容，然後將這些觀念用在做人做事上。既然人生的戰鬥不可避免，認識這些，最起碼可以讓你少走冤枉路，甚至可以收事半功倍之效。

我們的頭兩冊為的是解決你當時的「心靈狀態」，畢竟一切的成就是從內心開始。一個人的心靈沒有預備好，連上路的力量都缺乏。

而一旦上路，就要開始移除路上的障礙物，第三冊的功能在此。第四冊和第五冊，會著重在「如何攀峰」。第六冊則會告訴你們怎麼下山。

還有第六冊？

是的，我說最少五冊，但沒說最多到哪。你和我的約定並不是以冊數來決定的。

喔……好吧！但是我對於祢教大家要變成「披著羊皮的狼」，還是感到……

「一個神怎麼會提出這樣『非善』的建議」對嗎？

是的！

那麼再讓我來繼續說明吧！

⊙不需表裡合一

人性並不醜陋，狼性也不邪惡。

在那最高的存有中，「二分法」並不存在，當然也不存在「善與惡」，這就是所謂的「一體性」。

這樣的「一體性」本是完美的融合，也是心靈的基本設定，只是進入世界卻無可避免地會出現分裂。所以說人性「善」、說人性「惡」都落入兩端，得不到圓滿的說法。人性本無善惡，這就是「空」。

人性如果本無善惡，狼性又怎麼會有呢？

所謂的「空性」，就是認識到自己的「心」既非善、也非惡，既不是好、也不是壞，既不在上、也不在下，既無法出生、也無法死亡。所以佛陀才會說他超越了死亡，因為他見證到了生命的「空性」。

善惡只是進入世間之後，受到了分別念的教導，所產生出來在「意識」上的概念。而能夠超越意識上的善惡，純然地以心靈之眼去辨別的，就是「神性」或「佛性」的展現。

神性與佛性的表現方式是良知與慈悲。良知與慈悲和善惡無關，而是「在恰當的時候用適當的方法與態度，做適合的事，說適合的話」。

你聽過「大小和尚背美女過河」的故事，在故事中，大和尚遵循的是良知與慈悲，至於違反女色戒律的「惡」，已經被這一份超然的良知與慈悲超越了。小和尚則尚未參透。但凡見證到神性和佛性的人，也就超越了二元，打破了制約。

「披著羊皮的狼」這句話帶給我的負面印記太深，作為一個這樣的人，確定不會是一個表裡不一的人？

你什麼時候那麼在意「表裡合一」了？你過去所有的思言行都「表裡合一」嗎？如果不是，你已經是「披著羊皮的狼」，只是沒有意識到。而現在，我要你帶著意識去學習，怎麼當一個真正的、高質感的「披著羊皮的狼」。

一個外在是羊皮的人，他對外會表現出平靜、客氣、柔軟、謙和，進退有據，內在卻有著嚴謹的信念與價值觀。他明白自己、洞悉他人，知曉何時隱藏、何時表現。

他用高度的自律進行忍耐，在求取成功的路上目標明確、毫不懷疑，一路上他心若明鏡，穩如磐石，逢山開路，遇水架橋。

當他抵達了他要的位置或是獲得他要的東西，也一樣內斂低調。重點是，他可以毫不在意世人的眼光，靜謐地持續朝向目標邁進，有著夠高的格局可以任人品頭論足，而不心生畏怯。

你告訴我，這樣的人是不是「人生勝利組」？

果真按照祢的說明，這人肯定是一個成功的人生勝利組，其實是內外都成功了！那麼要如何操練自己成為這樣的人呢？

聽好！這是一場心靈的戰鬥。不論你的出身、社會階層、學歷，請你做好「成為一個堅強的心靈戰士」的準備，任何人只要操練這一套法則，都無可避免地會獲得人生的成就。

這可是一場翻轉社會階級的心靈戰鬥！

心靈戰鬥的「戰場」不在外面，你首先要面對的是內在的敵人。外面不只沒有別人，連敵人也沒有！

第一步是先「覺省」，不是「覺醒」。必須先有自我反省，然後才能有真正的「覺悟」。

當你反省的時候，請你老老實實地看待你自己。

由於人們除非遇上生命中重大的事件或危機，不容易開始自我檢視，因此這個自我檢視的階段，很有可能是你處在脆弱、混亂、痛苦或憤怒的狀態中發生。而生活的外部，也可能正有許多讓你感到力不從心和棘手的問題。

不過不要擔心，很快地，當你發現隱藏在你心靈角落的那些長期以來牽制你的「敵人」，你將會願意正視它們，並且進行革除的戰鬥。

你可能會在深入的自我檢視中，發現自己有著一些「性格狀態」。請記住，這些所謂的「內在敵人」只是一些「性格狀態」，並非「缺陷」，「狀態」比「缺陷」要容易克服，因為「狀態」是會過去的。

這些狀態可能是：恐懼、貪婪、器量狹小、吝嗇、自我評價低、自我設限、虛榮、欺騙、懷疑、嫉妒、易怒、自私、懶惰、虛偽狡詐、嫌貧愛富、趨炎附勢、欺善怕惡、不負責任……還有許多「狀態」你可以自己列出。

只要你可以對自己的心靈足夠虔敬，你一定可以藉由回顧過往的生命歷史，寫出許多曾有過的「狀態」。有可能回憶到這些時，你會感覺到一陣羞愧，或是驚駭萬分、痛苦不已，無論如何，這都是正常的過程。

這個狀態有點像是：你開啟了一個已經數十年沒有打開的房間，你點上燈，看見一片雜亂，傾倒與棄置的物品到處散落，並且蒙上一層厚厚的灰塵。

其實你過去並不是不知道有這個房間，你只是選擇視而不見、過門不入。但現在，已經決定成為一個心靈戰士的你，不只要正視，還必須要開始動手清理。

清理心靈的狀態很簡單，第一步是「正視」。第二步是「覺察」。然後第三步會自動發生，那是「修正」。

在這個階段，請你摒除情緒的干擾，持續地維持平靜的頭腦和心靈，像是一個局外人一樣地看著自己曾經有過的「狀態」，問自己一個問題：「我真的願意這些『狀態』繼續成為我的『人生狀態』主導我嗎？」

聆聽你內心的答案。

然後請開始進入「如果『繼續』維持這些狀態所會出現的人生」的觀想。你的良知會為你顯示「繼續」下去的結果。

心靈的內部你不看則已，一旦決定看，你就只剩下一個問題：「面對還是逃避？」過去你選擇過門不入的逃避，已經幾十年了，生命發展至今，這個人生的「現狀」，是不是你要的結果？如果不是，你還要繼續「逃」嗎？天地之大，你認為你能「逃」到哪？

於是你會選擇面對。

這時候會有許多的「可是」出現。「可是好難、可是好煩、可是我不會、可是……」請輕輕地忽略這兩個字，一次也不要脫口而出。不要藉由看似聰明的「否定語言」殘害自己。

是的！「可是」是很巨大的否定詞。

記住你自己寫下來的狀態，用任何的方式提醒你自己：你可以拍照當作手機的主頁，也可以寫在便利貼上放在桌前，或是你乾脆背下來。這樣做是為了讓你時時不忘你仍有這幾個「狀態」等待克服。

你可以參考這本書之前談到的「習慣」，用裡面的建議去克服這些狀態。當然，你的意願強度和堅持度，會決定你這位心靈戰士的訓練成績。

至此，我們已經開始覺「省」之路。

⊙虔敬

祢真是手把手的教耶……我以為三兩行就可以打完的字……再來呢？

由於你真誠、虔敬的面對了你的「狀態」，我可以稱呼你為「心靈戰士」了。

原來成為「披著羊皮的狼」是為了要成為「心靈戰士」！

是的！完全是！

好！「心靈戰士」真誠不夠，還要「虔敬」！

保家衛國的軍人必須要有的核心信念是對國家忠誠，而心靈戰士的最高核心信念是「虔敬」。

不單是對外界虔敬，重點是對自己。當一個人願意對自己的生命虔敬，對外就可以發自內心地表現出「降維」的狀態。

一個軍人要為了軍人的身分上戰場殺敵或被殺。如果一個軍人對自己的身分有「虔敬」的態度，他就可以奮勇殺敵，或是視死如歸地面對死亡，沒有絲毫勉強。

簡單來說，**「忠誠」是「被要求」出來的態度，而「虔敬」則是「自發性」的表現。**

我理解祢說的……

再來，虔敬即是「愛」的具體表現。拿伴侶之間來說，如果你在這段關係中有愛，你會心甘情願地支持、協助、傾聽、接納、奉獻……這些都是對「愛」虔敬的表現。

一個人只要在愛裡表現出「虔敬」的態度，都必定是將「小愛」昇華成了「大愛」，也已經真切體驗到「大愛」。

許多人都說著「愛」，但「愛」和「道」一樣，都是不能被描述清楚的……

因為「愛」與「道」都太巨大，大到無法被描述，無法被人類的語言說清楚。現在，我用清晰的語言來對你說「愛」是怎麼表現——愛就是「虔敬」的態度。

祢說的是「大愛」。但像是關係中的「小愛」又不一樣了。對嗎？

在一段愛情的關係中，如果有「虔敬」，你就能夠沒有抱怨、平和、喜悅，就連平常的對話和眼神，都會顯得溫暖而怡人。然後大愛的狀態就會逐漸地出現。

虔敬還有哪些其他的表現呢？

如果一個人對自己有虔敬，他會善待自己的身體、善用自己的資源，像是金錢和時間。他還會善盡自己的職責，甚至會做到超出被要求的。當一個人把自己的內在提升到高維的狀態，這些虔敬的表現會成為自然而然的態度，一點也不勉強。

當一個人對於真實的自己有虔敬，他可以處群體，也可以居孤獨，任何環境都可以不憂不懼、不卑不亢、無悲無喜，心靈完全地寧靜祥和。對外波瀾不興，對內澄清透明。虔敬是讓一個人平靜的真實力量。

當一個人對他人有虔敬，他會讓自己靜心傾聽、善解人意，善於溝通、善於表達。一個內在高維狀態的人，他對於周圍的人，可以一視同仁地表現出所有的和善與接納，無分無別，兼容並包。

當一個人對於他擁有的資源有虔敬，他會愛惜物資，善用所有。他會落實物盡其用的觀念，而不輕易地浪費或過度地消耗，不論這個資源是金錢、時間、食物或是任何有形的物品。

祢的意思像是在說：「虔敬」的表現就是「獲得安全感」的結果？

這只是一個面向，事實上，如果要獲得安全感才能表現虔敬，那麼人們應當如何獲得安全感？正確的解答是：「『虔敬』態度的表現只要堅持得夠久，安全感是不假外求、油然自生的。」

我以前一直覺得，基督徒的飯前禱告很刻意、很假，現在我知道我錯了！那是一種對食物虔敬的表現，跟有沒有人在一旁看無關。

是的！是的！一個虔敬之人，做任何事只憑真心，當然是旁若無人的。

如果虔敬可以獲得對生命如此重要的「安全感」，真的是必須要特別說明。但什麼才是生活中「虔敬」的表現？

我們正在討論這個。我會給予明確而清晰的回答。

當一個人對於他居住的環境有虔敬，他會讓居所通風明亮，保持整潔。他明白心中有虔敬的人即是「福人」，福人的居所不管如何遷移都是「福地」。

當一個人對於他的穿著是虔敬的，那麼整潔就會是他的自我要求，他不會隨便坐臥，讓衣物髒污，也不會穿著發皺、發臭的衣服出門。一個高維度的人很清楚地知道，要在生活的「每一個細節處」去表現內在的虔敬。他比誰都清楚魔鬼藏在細節裡。

當一個人對於他手中的資產有虔敬，他就會謹慎地使用，他不會任性地浪擲，只是為了一時的好玩。他會妥善地管理，並讓他的資產發揮最大的效益。他會記錄資產的數字和流向，確保每一分錢都在該有的位置上。是的，一個對金錢虔敬之人，「錢境」就是他的日常狀態。

這不會被稱之為小氣嗎？

虔敬之人清楚什麼是該花的、什麼是不該花的。該花的錢，哪怕再多，他也願意支付；不該花的錢，就算再便宜，他也會放在口袋裡。

這種對金錢清清楚楚的態度，將會使他除了好信用之外，還獲得好名聲。至於小氣的說法，多半是那些得不到幫助的人對他們的評語。

我確實聽說過「有錢人都是很小氣」的說法。

你認為是因為他小氣，所以才會有錢，還是有了錢之後才小氣？

有錢人所謂的「小氣」其實只是「清楚」二字而已。至於「一個錢打二十四個結」的用錢態度，這不是小氣，這是帶著意識與覺知，把金錢的效益發揮到最大，不懂的人於是就批評「吝嗇」。說這些話的人其實都不明白金錢的祕密啊！

金錢是有生命的能量。任何人都可以帶在身上，但是金錢只會主動追隨對他產生虔敬的人。

對金錢有虔敬，錢會主動被你吸引；對金錢失去虔敬，那麼最後難免阮囊羞澀。

我遇過一個對金錢超級虔敬的人，他會把每一張鈔票用熨斗燙得平平的。他說「不皺不折」這是對金錢的尊重，所以他從不用短皮夾。

這個人很清楚「錢是活的」——我敢打賭他一定很富有，因為錢很喜歡跟著善待它的人。

他不是富有，是超級富有好嗎！但是他從來不用奢侈品，只是我也看不到他有虧待自己的地方。

而且他也不會虧待別人。

他的員工都說，沒見過這樣的老闆……

是的！一個對錢虔敬的人，會讓錢願意跟隨。虔敬便是「吸引力法則」的落實。在對金錢不虔敬的人手上，錢會咬他、離開他，讓他花掉錢而且入不敷出。

人們以為賺錢只跟外在的能力或運氣有關，其實最大的關鍵是「對金錢虔敬」。

⊙從「覺省」到「覺醒」

光「虔敬」二字，祢已經講了許多，我想我最好仔細地檢視一下我在生活中對金錢的「虔敬」態度。

我覺得祢不是在訓練「人生勝利組」，祢這是在讓每一個人成為「心靈戰士」啊！

是的！我們正在一起訓練。心靈魔法師教練！

我是「心靈魔法師」的教練？負責教出心靈魔法師？

是的！喜歡你這個新角色嗎？

我愛死了！我懂祢的意思了，一個人如果從心靈的層面獲得勝利，那麼投射於外的人生也很難不跟著提升。對吧？

是的！當你操練「移除內在不適當的狀態」的日子夠久，你會有一種從裡到外、煥然一新的感受。從前的日子都已經被抹去，你已經成為一個新造的人。

心靈的戰士是從「覺省」進入「覺醒」後的狀態。這一份覺醒不只是心靈的覺醒，也是智慧的覺醒。

由於你經歷了比征服世界更難的戰鬥——征服自己，因此你的勇氣與信心將會倍增。這種信心的程度強過你以往曾經被激勵出來的信心，既不用裝也不用假，它是發自主動、發自你內心。

你就像是裝了引擎的超級跑車，蓄勢待發。

最真實的安全感！

沒錯！你會無比安全。

戰士階段的你，深知自己是誰，儘管還不知道人生旅途中的細節，甚至不知道旅程會帶你前往何處，但是你不憂不懼，氣定神閑，超然自若。

你將會明顯地看見自己的變化。過去可能凡事怯弱、懶散、消極、悲觀的你，開始變得樂觀、積極、主動、進取；過去容易感情用事、情緒化的你，開始變得理性、冷靜、條理分明。

你明白你依然有情感，並不是一個無動於衷的人，只是你更清楚，「超然寧靜」的狀態可以帶領你去到的地方，並且你已經學會掌握這一份寧靜超然的力量。

由於你已經啜飲到心靈泉水的甘美，此時的你，會心甘情願地看重心靈的力量，並且對它臣服。只不過，這有可能是一個失衡的開始。

由於你仍需處理生活與工作中的「俗務」，對於心靈活動（閱讀書籍、工作坊、靜坐……）的比例如果放得太重，可能導致你的家庭或工作出現一些緊張的情況，需要你分神處理。這樣混亂的情況會持續一陣子，甚至在這個階段，會出現讓你措手不及的一些意外，或突發狀況。

請你不要因為這些外部的事件，而干擾了你好不容易平靜沉澱的心。這是一個訓練你「平衡」靈性世界與世俗物質世界的階段。（還記得人生是一個訓練的階段嗎？）

有許多人到了這個階段，就停滯了覺察，迷失在各種生活事件中；也有些人會因為接觸了許多心靈門派、宗師，而開始另一段循環。無論如何，這都沒有問題。生命的長度絕對足夠讓一個人領悟與學習，每一個人分配到的時間都是足夠的。

當你在戰士的階段取得內在與外在的平衡，你將看清有形的世界和無形的世界並沒有差別，互為表裡，和諧共處。你將打破靈性世界與物質世界的界線，可以遊走在「空」與「有」之間，汲取兩邊的資源。此時你的靈性潛能已經預備好要為你服務。

一個人從「覺省」到「覺醒」這個階段，大約要花多少時間？

一生。一旦心靈開始啟動，反省變成是一種自動程式。而一個人只要持續地對自己有一份反思，這個覺醒的狀態就不會消失。

所以在這個心靈已經啟動的階段，該如何面對祢剛剛說的「失衡」的狀態？因為失衡往往會帶來走神……

你坐過蹺蹺板，你清楚知道要如何維持平衡。隨時保持覺察、自我調整，使之不落兩邊的「中觀之道」就是答案。我們曾經在上一冊談過這個議題。比起「保持平衡」，更重要的是：一個覺醒的心靈戰士要如何維持他的覺醒？

這確實是比保持平衡更重要的事。

當然。你從地面上爬上了蹺蹺板，高度已經和原來不一樣，你也努力用時時刻刻地覺察使之平衡、不落兩邊。但接下來你要做些什麼？在這個叫做「生活」的蹺蹺板上，一個覺醒的心靈戰士，他該有的觀念和態度應該是什麼？又會有哪些表現？

我抱著虔敬的心，洗耳恭聽！

一個真正的心靈戰士，在內心中不受任何的條框束縛，也凌駕道德制約。這不代表他可以違反法律，為所欲為，只代表他回到了自然設定所帶給他的「本來面目」。

覺醒的人就像是：一個關在囚籠裡的犯人，終於打開了監獄的柵欄，他第一件事不是忙著離開監獄，而是先將囚服換下，讓舊有的印記留在那裡。

在過去的日子裡，周圍的人像是父母、師長，從小向你們要求、對你們期待、要你們配合、要你們聽話。他們設下了標準，「你應該……」他們說。

於是還不懂事的你們，別無選擇地穿上他們給你的囚服，他們剪斷了你正要長出的翅膀，把你安置在一個他們認可的地方。漸漸地，你失去了你自然的樣子，你變成了好學生、乖小孩、優良員工，還有好媽媽、好爸爸。

接著你用同樣的方式要求、期待你的下一代。你也讓他們穿上囚服，剪斷他們剛長出的翅膀，把他們安置在你覺得安全的地方，然後用你的標準對他們說：「你應該……」直到他們哭鬧不休，用怨恨的眼神看著你，你才驚覺：「我錯了嗎？我也是這樣長大的呀！」

是的！你錯了。你錯在沒有發覺到，孩子擁有的或許比你少，但懂得的卻是比你真、比你多。你錯在遺忘了自己當年的感受，仍又加諸在下一代身上。

現在你已經醒來，成為一名心靈戰士，請你帶頭剪斷捆綁束縛，將自己的和孩子們的約束去除，還給自己和他們全然的自由。孩子想在草地上打滾？沒問題！拿口紅塗鴉？可以！

至於你，你不是一直顧忌眾人的眼光，不敢穿上你的花襯衫或是比基尼？你現在已經可以任人品頭論足，而不在意他人眼光了。這個世界仍然有它的標準和對人的期待，但是已經限制不了你。

現在的你，不再追尋他人的讚美，不再為了配合他人的期待而有所表現，也不再取悅、討好誰——除了你自己。

如果你配合、給予、滿足他人的期待，是因為你自私地覺得這令你「感覺良好」，而非你必須。

那些眾人推崇的美德和眾人奉行的道德，是眾人的美德和道德，不是你的。你可以冷眼旁觀，不屑一顧。

他們可以創造他們的美德與道德，你也可以，沒有理由規定你一定得配合。說到底，你清楚，這些所謂的美德與道德，都是某一群人基於自私的欲望，使之變成教條。這些教條形成了制約，限制了你飛行的能力，但你打開了眼，知道天空很大！

「做自己！」你對自己這麼說。而這也是我要對你說的。

你一改以往的怯弱，不再忍氣吞聲，不擔心「展現真實的自己有可能得罪人」。

如果此時有人冒犯你，你可以選擇微笑靜默，或是直接回敬一個耳光，讓他知道，「我」是神聖而不可侵犯的。作為一個戰士，你可以還擊，而不用擔心成為壞人。

我的孩子啊！初初覺醒的你，確實盡可以如此。你與自我的控制權分離已久，重新掌握，難免有大展拳腳的欲望。因此，你需要認識自己的創造力與破壞力。這是兩股創造世界的力量，可以用來創造世界，當然也可以用來創造「你的世界」。

你明白，創造與破壞皆有用處，黑暗與光明互為表裡。靈魂深處裡，兩股力量交織而平衡，來自同一個源頭。你可以隨時按照意願，展現光明或黑暗、創造或破壞。

此刻的你，具有宏大的彈性，沒有一定的標準需要依循，也沒有可以支配你的外部力量。

面對最強大的對手，你願意曲意迎合、卑躬屈膝，不是屈服，而是為了取勝。

你不在意他人的眼光和恥笑，盯緊你的目標，超然靜謐地執行你的計畫。你名副其實是披著羊皮的狼！

你已經從桎梏的束縛中掙脫出來，遠離黑暗的谷底，面對廣大的世界，你準備大顯身手。

我的孩子啊！你需要有目標，有要完成的事。但請你不要只定睛在外在的目標上，而要將更多的心力放在認識你自己。**唯有透過清晰透徹地認識你自己，你才能精準無誤地看穿別人。**

你要寧靜超然地看待自己，進入每天的反省，一如你靜謐地對外進取。你內在的良知將會對於你的反省提出忠告，而直覺的聲音將會使你徹夜難眠。

你將清楚地分辨細如髮絲的頭腦意念和熊熊如火的靈魂意圖，在兩者之間的空隙，是你的呼吸。你任憑自我的意志，汲取靈魂或頭腦的能量，完全地自給自足。

你是沒有天敵的。在人間從來就沒有一個人像你這樣的圓滿無暇、完美俱足，因此你將拋開初生之犢的無知，邁向真實的無懼。

你無求，所以你無懼。若你有求，也必有所本。因為無懼，你可以甩開包袱、無視人情。因為有所本，你勇往直前。

等一下等一下！心靈戰士累了，我需要洗個澡，吃點東西，明天繼續好嗎？

悉聽尊便！我隨時候教。

⊙征服自己

我來了！

這一次你挺快的嘛！不像上次讓我等半年。

我迫不及待想知道一個心靈戰士該有的表現。

好！我們繼續！

你行動的時候目標明確、毫不遲疑，拖延是你已經塵封的習慣。你爭取勝利，但也不擔心失敗，盡其所能又對結果坦然接受。

取勝的路上常伴有風雨和刀劍，你會視之為平常，心如止水地平靜面對，冷若冰霜地接招拆招。

你大開大闔地為成功付出代價，也小心翼翼地品嘗豐收的果實。不待人言，你是一個盡善盡美的戰士。

你明白，你來到此處，並非要成為一個無用的荒木，你將成為棟樑，賦有任務。

你在安靜中感知上天的美意，在黑暗中釋放你的哀愁。你踽踽獨行卻不感到孤單，因為你知道上天與你同在。

你明白世間的美善和醜陋同時並存，你選擇讓自己趨向美善，同時不對醜陋發出惡言。你會用宏大的格局開拓你的視角，讓蒼穹盡收眼底。

你不批判世間的道德規範，但也絕不就範。你明白人間的美善不由道德建立，乃是由覺醒後的良知。你遵循屬於自己的道路，任憑他人流言蜚語，你依舊開疆闢土，大步前行。

你具有忍受痛苦的能力，超越常人。你明白，烈火和寒冰才能淬煉真正的戰士。為此，你從不以受害者自居，你會在靜默中為自己療傷，用堅強的信念重回戰場，奮力廝殺，直到取勝為止。

你儘管心如堅冰，也偶爾難免感到恐懼；你明白恐懼是侵蝕靈魂的毒藥，教人萬劫不復。但你不會逃避，你明白凡事發生必有恩典，恐懼的存在為的是帶領你突破更大的框架；當你選擇面對恐懼，你就進入一個新天地，在那裡，恐懼對你舉杯慶賀。

你明白萬物的存在法則，所有的一切都是為你而存在，為的是服務你。這樣的理解有助於你和萬物合一。

你清楚，沒有任何一件事物可以單獨存在，萬事萬物都互相效益，在合一當中就沒有恐懼。

你在合一當中，合一也在你之內。你即是全部，全部即是你。這樣無分無別的狀態，將會使你左右逢源，花見花開。

你沒有得失之心，沒有不切實際的幻想和期待，你專注當下，埋頭落地，將焦慮和擔憂擱置、冷落，不置一詞。

你與上天的意志保持一致，看慣人間風雲百態，卻如雁過寒潭，不留痕跡。

你不在乎樓起樓塌、物換星移，笑看人情冷暖。你明白，有過程就有悲喜，有開始就有結束。

你超然地前進，帶著與天地同頻的姿態，踏遍世界、繼往開來。

我們這一冊已經結束了對嗎？我有一種如釋重負的輕鬆感。

暫時結束。後面還有很多關於心靈戰士如何養成，以及教戰守則。

祢口口聲聲「戰士戰士」的，彷彿我們真的要去出征打仗一樣，但我知道祢不是那個意思。祢真正希望的是我們征服自己。

你很清楚我的意念。宇宙間只有征服自己的人，才夠資格稱為真正的戰士。很多的內容在這一本當中無法寫盡，而且你也確實需要休息。

在接下來的第五冊裡，我會用同樣清晰的語言，告訴大家「一個征服自己的心靈戰士」會有的狀態和遇到的狀況。這一次請你不要讓讀者等太久。

我不會的！我要對我自己的任務「虔敬」。

很好！

事實上，接下這個工作的擔子是很重的。我必須要在生活中預習、預演所有祢要講述的。每天都在操練中。

心靈戰士的養成不就是如此嗎？日以繼夜，一如星辰。

其實我沒想要當戰士，我只想做好一個人，然後完成使命，對自己的靈魂有個交待。

你以前不是這樣的，過去你可是個鬥志堅強的人。

現在還是好嗎！我的意思是說，我可以用戰士的身分，一面在戰鬥中，一面遺忘自己正在進行戰鬥。

這就是完全融入，渾然天成！

懂得遺忘的人是輕省的，頭腦可以遺忘，但靈魂會記錄你的軌跡。就像你生命中所有愛你的，和被你愛的人，都如唱盤一樣，被刻劃在宇宙裡。

永誌不渝。

我永遠愛你！

＊＊＊

寫到這裡，我要去切蛋糕了，今天是情人節，怡婷買了一個蛋糕慶賀。這是我們的第十二個情人節。我記得第二冊裡祢答應過我，不會讓我孤單的。

祢沒有騙我。這十二年生命當中因為有她，我很快樂！

我這個媒人可不是隨隨便便當的！情人節快樂！快去切蛋糕吧！

謝謝祢！晚安！

後記：五十歲的情人節

我不知道你怎麼過的，在情人節這天。

但我，遇見了我的老情人。

從春節前，我就處在極大的壓力當中。和許多人一樣，春節總有許多屬於成年人的背負要承擔，歡樂那是孩子的專利。在巨大的壓力之中，忙得千頭萬緒，也忙著為自己的心找尋一個出口。

今年我的生日正好落在大年初一的前三天，這是我陽曆滿五十歲的生日。人生走著走著，竟然也來到了五十歲。我有一種老了的感覺，強烈而隱微。如果我活到九十歲，這樣老的狀態，要持續四十年啊！

這陣子經常回憶起童年時的畫面，像是：我從學校放學，丟了書包就抱起彈珠桶，衝到家旁邊蓮霧樹下的小空地，拿石子在地上畫個三角形，和同伴一起把「籌碼」放到裡面，看看誰能用「母彈」把裡面的彈珠擊出，擊出的彈珠就歸他。

樹下的黑蚊絕對不會放過我們這幾個孩子鮮嫩的皮膚，一個個被叮咬地又紅又癢，但是我們持續地在瞄準、擊出，累積或是失去更多的彈珠。

很多年後，我在一個舊物店裡見到一大罈彈珠，二話不說買了回家，可是，卻沒有童年時贏了一口袋彈珠時的興奮。我買下的，其實是回憶，也帶回了惆悵。

有一回我驅車前往童年時的居住地，房子和蓮霧樹還在，但是怎麼變小了？空地不見了，但就算空地還在，也不會再有人跟我一起打彈珠了。那些當年一起打彈珠的鄰居玩伴，根本已經忘記了長相和名字，就算街上遇見，也不認得了。

我們總要玩到天色陰暗、看不見手指，才依依不捨地甘願回家。母親正在廚房裡炒菜，那個芥藍菜加上米酒的香氣，和端上桌時盤子裡有著小黃花的葉片，竟然成為我成年後最難忘的滋味。那是母親的味道。家常菜。

這些年吃過多少山珍海味、珍羞美饌，我還是最愛清粥小菜。只是這年頭的清粥小菜也不便宜就是，宵夜場的清粥小菜，隨隨便便就是六七百，真是坑人！可是我就愛。

愛吃清粥小菜大概是因為祖父的關係。我依稀記得，童年有一回到迪化街的藥舖，中午吃飯的時候，祖父說完開動之後，就先夾了一塊花瓜到我熱騰騰的粥裡，看著冒著熱氣的粥，祖父對著我說：「這樣粥比較快涼。」就這樣，我以後只要吃清粥小菜，一定要有花瓜。怡婷知道了，就開始自製醃漬花瓜，吃得我滿嘴的幸福。

五十歲是人生的分水嶺、結算點。以百歲計，這會兒真是開始下坡了。往後的日子只會越來越少，吃一頓少一頓；從前的日子卻是越過越長，於是越見清晰。我終於明白，為什麼老人家開口閉口的當年，因為希望在從前。

五十歲的生日，是日暮西山的開始。朋友們親手做了生日蛋糕為我慶賀，我感謝之餘，其實未見開心。一來是壓力正大，二來是已感衰老。

成熟，到底是一件教人糟心的事。活著活著就老了，縱有千般壯志，都雲散煙消。我就這樣，內心在各種嗟嘆、感傷、回憶中，貌似堅強地挺過了千斤的壓力，來到元宵前的情人節。

情人節，是給有情眾生過的節。情的表現很多種，年輕人追逐時尚與刺激，讓旅館炮聲隆隆。老夫老妻只適合在家安靜度過。

這一天我照例在書房工作，為即將交稿的新作賣力。朋友送來親自手作的奶油水果蛋糕，那是怡婷為了今天特別訂的。這個情人節我沒出什麼力氣，全是怡婷的張羅。傍晚時開了一瓶紅酒，二人二犬佐著鮮奶油蛋糕打發了晚餐。

科技的進步不只年輕人受惠，老人家也是。特別的日子不用到外面人擠人，在家就能看電影。怡婷安排了一部日本鬼才導演北野武的傳記電影《淺草小子》。劇中人物是真實的，演繹的戲碼也是真實發生過的事。我靜靜地看著劇中那個叫做「彼得武」的男主角和他藝能恩師「深見千三郎」的互動，屬於那個時代日本師徒間，深埋在心的教導與交流。

北野武以這樣深厚的愛作為底蘊，抖出往後數十年使人捧腹、使人低吟回味再三的毒舌梗。與其說那部片是男主角追夢的過程，不如說這是一部「向恩師致敬」的電影。

我也想起了自己的夢想，曾經對漫畫有興趣、曾經對音樂有熱情、曾經對表演有幻想……好多的曾經，都已經是過去，就別再提當年是如何地缺乏資源、投問無門。輾轉遷徙的歲月，硬生生地截斷了夢想，遺忘了當時的熱情。

所幸神為我開了一扇窗，我終究還是用文字給自己寫出了一條路，只是想到這一路走來……千瘡百孔，滿目瘡痍。刻骨傷痛帶給我的委屈，一直揮之不去；出身低微的自卑，讓我形消骨立。

其實此刻的我很幸福。如果讓我揚名立萬、腰纏萬貫，卻要我孤獨淒冷地度過包含情人節的每一天，是值得的嗎？我會願意嗎？我問自己。

智者在一旁回答：「值得不值得，是看每一個當下你是否歡喜接受。腰纏萬貫卻過得孤單清冷，是選擇；雖不寬裕卻一直有人暖心陪伴，也是選擇。只要明白也接受，每一個當下都沒有不好。」

怡婷傳來這十二年每一次情人節的照片，我一一看著、回顧著。驚嘆：怎麼就十二年了！歲月不打聲招呼，一下子就奪去我十二年的青春，回想我不是才剛跟她認識嗎？不應該的啊！一個政治大學的高材生、電視新聞記者，怎麼也不該跟一個魯蛇湊在一起啊！

她從我身旁走過，我冷不防摟腰一把抱住她，將頭靠在她肩膀。

「謝謝妳！怡婷！」我說。「我明白我的出身，本來是一個不值得的人，謝謝妳這樣陪伴我十二年。」

「不！其實是我要謝謝你，要不是你，我還掙扎在心靈的苦海與職場的波瀾浮沉，是你拯救了我！謝謝你！」她答。

一定是酒精的催化，還有該死的淺草小子，讓我的剛強崩了角，我的眼眶泛淚。

「你不要再說你生命不值得這樣的話，你值得！很值得！不是死而無憾的那種，你還不可以死。我還期待著你人生中的高光時刻，就像北野武！」

我失聲號哭。抽搐哽咽。

我不知道我哭什麼，抱住她的當下，本來是沒想哭的，我那麼堅強，怎麼可以哭！可是我被巨大的愛包圍，被神溫柔地抹去我的傷痕委屈，也被我生命中每一個對我有情的人接納。我那麼卑微渺小，卻獲得那麼多，我到底憑什麼……

「憑我對你的愛與信心！」怡婷說。

我抹去眼淚，眼前盡是新鮮的景緻，世界不再一樣了！

這一個情人節，我將拋下過往，用五十歲的智慧和二十歲的勇敢，重新出發。用一決勝負的心情，投入人生下半場的戰役。就像當年蓮霧樹下的我，用專注的神情擊出彈珠一樣。

贏要紅紅火火，輸要倨傲瀟灑！

再起風雲，乘風展翼。

Luchiano Tse 謝明杰

國家圖書館出版品預行編目 (CIP) 資料

老神再在Ⅳ：乘風展翼 / 謝明杰 著 .-- 初版 . --
臺北市：商周出版：英屬蓋曼群島商家庭傳媒股份有限公司城邦分公司發行 , 2022.06
面； 公分
ISBN 978-626-318-281-3（精裝）

1.CST: 心靈學 2.CST: 靈修

192.1 111005988

老神再在Ⅳ：乘風展翼

作　　　者　謝明杰
責 任 編 輯　徐藍萍

版　　　權　吳亭儀、江欣瑜
行 銷 業 務　黃崇華、賴正祐、華華
總　編　輯　徐藍萍
總　經　理　彭之琬
事業群總經理　黃淑貞
發　行　人　何飛鵬
法 律 顧 問　元禾法律事務所　王子文律師
出　　　版　商周出版　台北市南港區昆陽街 16 號 4 樓
電話：(02) 25007008　傳真：(02)25007759
E-mail：bwp.service@cite.com.tw
發　　　行　英屬蓋曼群島商家庭傳媒股份有限公司城邦分公司
台北市南港區昆陽街 16 號 5 樓
書虫客服服務專線：02-25007718　02-25007719
24 小時傳真服務：02-25001990　02-25001991
服務時間：週一至週五 9:30-12:00　13:30-17:00
劃撥帳號：19863813　戶名：書虫股份有限公司
讀者服務信箱 E-mail：service@readingclub.com.tw
香 港 發 行 所　城邦（香港）出版集團有限公司　香港九龍土瓜灣土瓜灣道 86 號順聯工業大廈 6 樓 A 室
E-mail: hkcite@biznetvigator.com　電話：(852)25086231　傳真：(852)25789337
馬 新 發 行 所　城邦（馬新）出版集團 Cite (M) Sdn Bhd
41, Jalan Radin Anum, Bandar Baru Sri Petaling, 57000 Kuala Lumpur, Malaysia.
Tel: (603) 90578822　Fax: (603) 90576622　Email: cite@cite.com.my

封 面 設 計　張燕儀
印　　　刷　卡樂彩色製版印刷股份有限公司
總　經　銷　聯合發行股份有限公司　新北市 231 新店區寶橋路 235 巷 6 弄 6 號 2 樓
電話：(02) 2917-8022　傳真：(02) 2911-0053

■2022 年 5 月 31 日初版
■2024 年 7 月 22 日初版 2.7 刷

城邦讀書花園
www.cite.com.tw

Printed in Taiwan

定價 380 元

 ISBN 978-626-318-281-3